철학사 아는 척하기

난생 처음 공부하는 철학사가 한눈에 들어오는

철학사 아는 척하기

쇼펜하우어

정반합

플라톤

파울 파이어아벤트

아리스토텔레스

디오게네스

니체

버트런드 러셀

파르메니데스

팬덤북스

차례

부록

질문

○○○

대부분의 사람들은 '철학적'인 사고를 하기엔 너무 바쁘다. 생존을 위해 고군분투하느라 시간이 없거나, 방해받지 않는 일상의 삶을 즐기려 하기 때문이다. 드물게도 몇몇 사람은 마음이나 시간의 여유가 생기면 결코 단순하지 않은 해답을 가진 것처럼 보이는 단순한 질문을 하곤 한다.

세상의 본질은 무엇일까? 인간은 진정 어떤 존재일까?

인간의 마음과 의식은 무엇이 특별한가? 우리가 확신할 수 있는 것이 있는가? 타당하거나 부적절한 주장 사이에는 분명한 차이가 있는가? 무엇이 진실인가? 무엇이 의미인가? 우리는 서로에 대해 어떻게 행동하고, 사회를 어떻게 조직해야 하는가? 정부를 조직한다는 것이 좋은 생각일까? 정부는 과연 선한가?

철학이란 무엇인가?

○○○

철학적 질문은 일상적인 생존과 무관한 것처럼 보일 수 있다. 그러나 철학자들은 여전히 설득력 있는 답을 찾고 있다. 철학자들은 때때로 답을 얻지만 보통은 얻지 못한다.

어떤 철학자들은 철학이 토론과 논쟁을 통해 진화해야 한다고 믿고 있다. 또 어떤 철학자들은 오직 연역적 추론을 통해서만 인식할 수 있다고 믿는다.

하지만 위 사람들 모두 철학자들이 자신의 사상에 대해 일종의 설명, 증명, 또는 증거를 명백히 보여줄 의무가 있다고 생각한다. 그리고 이 의무는 철학과 종교가 분명히 다르다는 것을 의미한다.

신권정치

○○○

고대 이집트인들은 수학을 잘하고 기하학적인 무덤을 만드는 데 능했지만 철학적으로 유명하지는 않았다. 사물에 대한 그들의 종교적인 설명은 정교하고 다채롭지만, 철학 용어를 사용하는 데서는 설득력이 떨어진다. 바빌로니아 사람들 역시 철학자라기보다는 훌륭한 수학자와 천문학자 들이었다.

사제 카스트가 지배하는 신권통치 사회에는 대개 정적이고 사상이 독점되었다. 이런 사회는 정통적인 설명을 고집하고, 독립적이고 관습에 얽매이지 않는 사상을 적극적으로 억제했다. 오늘의 신념은 항상 어제의 신념과 같아야 했다.

> 그들도 기본 질문에 대해 신화적 대답에 만족하는 것처럼 보여.

그리스인

000

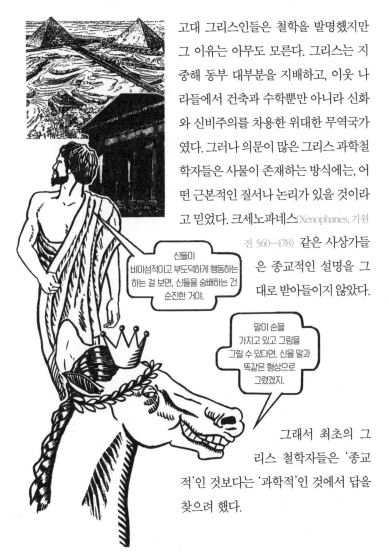

고대 그리스인들은 철학을 발명했지만 그 이유는 아무도 모른다. 그리스는 지중해 동부 대부분을 지배하고, 이웃 나라들에서 건축과 수학뿐만 아니라 신화와 신비주의를 차용한 위대한 무역국가였다. 그러나 의문이 많은 그리스 과학철학자들은 사물이 존재하는 방식에는, 어떤 근본적인 질서나 논리가 있을 것이라고 믿었다. 크세노파네스(Xenophanes, 기원전 560~478) 같은 사상가들은 종교적인 설명을 그대로 받아들이지 않았다.

신들이 비이성적이고 부도덕하게 행동하는 하는 걸 보면, 신들을 숭배하는 건 순진한 거야.

말이 손을 가지고 있고 그림을 그릴 수 있다면, 신을 말과 똑같은 형상으로 그렸겠지.

그래서 최초의 그리스 철학자들은 '종교적'인 것보다는 '과학적'인 것에서 답을 찾으려 했다.

밀레시안의 근본 질문

○○○

최초의 진정한 철학자들은, 기원전 6세기에 현재 터키 해안의 이주민 도시 밀레투스에 살았던 괴짜 그리스인들이었다. 이들은 '근본적 질문'을 던졌다. 세상은 무엇으로 이뤄져 있는가? 사실, 그것은 매우 이상한 질문이다. 대부분의 사람들은 세상은 많은 다른 것들로 이루어져 있다고 말할 것이다. 왜냐하면 세상은 그렇게 보이기 때문이다. 그러나 이 밀레시안들은 보이는 것이 반드시 진실과 일치한다고는 믿지 않았다.

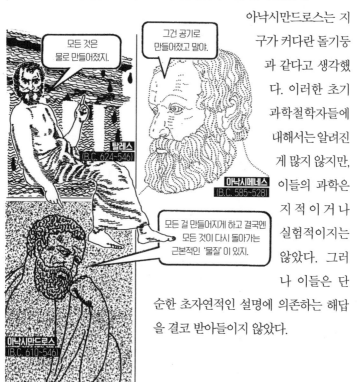

아낙시만드로스는 지구가 커다란 돌기둥과 같다고 생각했다. 이러한 초기 과학철학자들에 내해서는 알려진 게 많지 않지만, 이들의 과학은 지적이거나 실험적이지는 않았다. 그러나 이들은 단순한 초자연적인 설명에 의존하는 해답을 결코 받아들이지 않았다.

피타고라스와 수학

000

피타고라스(Pythagoras, 기원전 571~496)는 동일한 '근본 질문'을 던졌는데, 전혀 다른 대답을 갖고 나타났다. 그는 그 답이 수학이라고 주장했던 것이다. 그는 제자들과 함께 이탈리아 남부의 크로톤으로 이주하기 전에 사모스 섬에 살고 있었는데, 채식주의자로서 환생을 믿고 콩을 먹는 것은 죄악이라고 선언하기도 했다. 그와 제자들은 숫자를 숭배하고 세상은 숫자로 이뤄져 있다고 생각했다. 진리는 비율이나 정사각형, 직삼각형으로 분명히 드러난다고 주장했다.

피타고라스가 던진 돌파구는 바로 이 수학적 진리가 그냥 받아들여지기보다는 증명되어야 한다는 것을 인식하고 있었다는 데 있다. 그는 '정의'가 제곱수이기 때문에 정의는 숫자 4라고 선언했다. 하지만 나중에 파이(π)나 $\sqrt{2}$와 같이 '합리적이지 않은' 숫자들이 발견되자 큰 충격을 받았다.

그는 심지어 이러한 진실을 외부인에게 공개했다는 이유로 제자 중 한 명인 타렌툼의 히파수스를 물에 빠뜨려 익사시켜 버렸다. 이를 보면 철학자들이 제자들과의 토론에서 폭넓은 생각을 가지고 임했던 것만은 아닌 것으로 보인다.

원 둘레와 지름의 비율은 대략 3.141…

대략이라고? 이는 세상이 수학적으로 전혀 깔끔하지 않고 완벽하지도 않다는 걸 암시하지.

헤라클레이토스와
끝없이 변하는 세상

○ ○ ○

기원전 500년경에 살았던 헤라클레이토스(Heraclitus, 기원전 540~480)는 비합리적인 우주를 좀 더 관대한 관점으로 본 듯하다. 그의 별명은 '무례한 자'였는데, 세상의 모든 것은 항상 변하고 끊임없이 갈등하는 상태에 있다고 주장했기 때문이다. 그리고 이것을 유명한 격언으로 표현했다.

그의 제자 크라틸로스(Cratylus, 기원전 400)는 한 걸음 더 멀리 앞으로 나아갔다.

그러나 헤라클레이토스는 종종 오해를 받는다. 즉 우주에 대한 그의 관점은 통일성과 일관성이 밑바탕에 존재한다는 것이다. 우리가 감각을 통해 얻고 어리석게 믿는 지식은 필연적으로 관찰자에 대해 상대적인 지식이다.

넌 절대 같은 물에 발을 두 번 담글 수가 없어.

물 위에서는 한 발자국도 발을 뗄 수 없는데.

산은 당신이 서 있는 곳에 따라 오르거나 내려갈 수 있다. 그리고 그것이 산의 역할이다.

만약 강이 항상 변하지 않는다면 그것은 강이 아닐 것이다. 그럼에도 불구하고 우리는 강이 무엇인지 알고 있다. 그래서 헤라클레이토스는 진정한 지식은 사물을 바라보는 것에서가 아니라, 마음으로 생각하는 데에서 비롯된다고 강조했다. 또한 그는 가속되고 있는 변화를 강조했다. 여기서 세상은 궁극적으로 불(항상 변하지만 여전히 고유한 그 자체)로 만들어졌다고 말한 것이 그가 근본 질문에 기여한 이유다.

오르거나 내려가는 길은 같은 것이지.

파르메니데스

○○○

이탈리아 남부의 엘레아 태생인 파르메니데스(Parmenides, 기원전 515~450)는 논리와 지식의 힘에 관해 장문의 시를 썼다. 그는 경험적 지식은 믿을 수 없을 만큼 주관적이라는 헤라클레이토스의 의견에 동의한다. 이는 만약 인간이 세상에 대한 근본 진리를 찾길 원한다면, 유일하게 의지할 수 있는 힘인 이성을 인간이 갖고 있다는 것을 의미한다.

존재하는 것과 생각하는 건 같기 때문이지.

엄격한 논리적 검증을 통해, 그는 시간에 대한 흥미로운 생각을 내놓았다. 즉 실제로 존재하는 것은 즉각적인 현재라는 것이다. 과거와 미래에 대한 이야기는 단지 알 뿐이지, 둘 다 실존하는 것은 아니다.

파르메니데스가 다소 이상하게 보일지도 모른다. 하지만 그는 엄격한 연역적 논쟁을 통해 도출된 결론이 무엇이든, 항상 받아들일 준비가 되어 있기에 그는 철학자들로부터 여전히 찬사를 받고 있다.

제논의 운동에 관한 역설

o o o

파르메니데스의 제자 제논(Zēnōn, 기원전 490~430)은 우주와 시간 사이에 존재하는 수수께끼 같은 관계를 탐구하는 역설로 유명하다. 가장 유명한 것은 아킬레우스와 거북이의 경주에 관한 것이다. 아킬레우스는 거북이가 느릿느릿 걷는 것에 감안해서 자신만만하게 거북이를 한 발 먼저 출발하도록 양보한다. 그러나 아킬레우스는 이 파충류를 결코 추월할 수 없다는 사실을 깨닫게 된다.

거북이는 항상 아킬레우스보다 조금 앞설 것이고 따라잡히지 않는다. 이는 아직도 일부 철학자들, 수학자들, 물리학자들이 의문을 품는 주장이기도 하다. 이 퍼즐의 요점은 이런 것이다.

제논은 자신의 스승인 파르메니데스의 견해와 마찬가지로, 실제 운동과 변화는 불가능하다고 주장했다.

아킬레우스가 A에서 C지점까지 가려면 먼저 거북이의 출발점인 B 지점에 도달해야 해.

이쯤이 되면 거북이는 이미 D지점으로 이동하게 되고, 아킬레우스가 거기에 도착하면 안타깝게도 거북이는 E지점으로 이동해 있을 것이고…

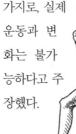

엠페도클레스와 네 가지 요소

○○○

엠페도클레스(Empedocles, 기원전 490~430)는 그리스의 식민지인 시칠리아에서 살았다. 그는 '근본 질문'에 대한 자신만의 답을 만들어낸 의사였다.

그가 새로운 물리적 힘을 도입한 것은, 화합물이 어떻게 만들어지고 파괴되는지를 설명하려는 새로운 시도였다. 그의 물리학은 그를 파괴하는 힘과 생성하는 재탄생의 힘의 지속적인 순환을 믿게 만든 것 같았다. 그는 자신이 엠페도클레스가 되기 전에 이미 '소년과 소녀, 덤불과 새와 바닷물고기'였다고 주장했다. 아마도 그래서 자신의 철학을 증명하기 위해 에트나 화산에 뛰어들어 생을 마감했는지도 모른다.

세상은 흙, 공기, 불 그리고 물로 이뤄져 있어. 그리고 그건 사랑과 불화의 힘, 즉 끌어들임과 밀쳐냄 두 가지의 힘에 의해 지배되고 있지.

네 가지 요소는 그대로 유지되었어. 중세까지는 기본 물질로 여겨졌고.

원자론자

o o o

아낙사고라스(Anaxagoras, 기원전 500~428)는 사람은 먹는 존재라는 사실에 대해 설명했다. 모든 것은 하나의 혼합물이다. 따라서 밀에는 피와 살, 뼈, 머리카락, 손톱의 일부가 있으며, 이는 음식이 어떻게 인간의 몸을 만드는지 설명해준다.

데모크리토스(Democitus the Atomist, 기원전 460~370)는 소크라테스와 동시대인이었다. 하지만 놀랍게도 그는 20세기 원자 물리학 이론을 예상케 하는 문제를 추측한 견해로 유명하다.

궁극적으로, 모든 것에는 모든 것의 부분이 있고, 그 모든 것은 무한한 수의 작은 것들로 이뤄져 있어.

결국엔 더 이상 '잘라낼' 수 없는 작은 것들이 있을 것이다. 그렇지 않으면 물질은 존재할 수 없어. 이 '절단불가능한 것' 또는 '원자'는 새로운 화합물에서 움직이거나 충돌하며 분리되지 않아. 이 모든 것들이 무게나 모양, 크기와 같이 세상에 실재하는 것들의 특성을 말해주지.

냄새와 같은 또 다른 특성은 물체의 원자가 인간의 코 원자와 상호작용할 때 발생해.

소크라테스

○ ○ ○

이 모든 마음과 세상의 궁극적인 본질에 관한 이론은 '소크라테스 이전'의 것으로 알려져 있다. 이러한 추측들이 놀라운 것은, 이들 추측들 중 일부가 20세기 과학이론에 얼마나 근접해 있는가 하는 점이다. 철학자들은 입자 가속기를 사용하지 않고도, 단지 매우 열심히 생각한 것만으로도 20세기 과학의 단계에 도달했다.

소크라테스(Socrates, 기원전 470년~399)는 기원전 5세기에 아테네에 살고 있었는데, 이곳은 강력한 지중해 제국을 거느린 작은 '도시국가'였다. 많은 아테네 사람들은 노예 소유인들이었는데, 이는 아테네 사람들에게 드라마, 역사, 천문학, 철학 같은 것들을 발명할 수 있는 충분한 시간적 여유를 주었다. 그래서 일까. 그들은 자신들이 지구상에서 가장 문명화된 국가라고 생각했고 아마도 그건 사실일 것이다.

문화적 상대주의

000

역사가인 헤로도토스(Herodotus, 기원전 484~424)는 그리스를 넘어 넓은 지역을 여행했으며, 다른 사회의 믿음과 행동에 대해 놀랄 만한 발견을 한다. 프로타고라스(Protagoras, 기원전 490~420)와 같은 소피스트 철학자들은 이런 발견이 무엇을 의미하는지를 완전히 알게 되었다. 그들로 하여금 몇 가지 의문스러운 질문을 하게 만들었다.

우리는 신념이 '문화의존적'일 때 '자연스럽다'고 믿기 쉽다. 그래서 소피스트들은 철학적 탐구 주제를 근본 질문에서 인간과 그들 사회에 대한 질문으로 이동시켰다.

다른 사람이 당신과 다른 것을 믿는다면, 당신의 믿음이 옳다는 걸 어떻게 알 수 있지? 당신은 다른 사람의 믿음이 옳다는 걸 어떻게 알 수 있냐고?

프로타고라스 소피스트

○○○

프로타고라스는 '인간은 만물의 척도다.'라고 했는데, 이는 객관적인 진실은 없고 제한적인 인간의 믿음만 존재한다는 것을 의미한다. 이는 그를 매우 상대주의적이고 심지어 포스트모던한 것처럼 보이게 만들었다. 그는 또한 철학은 미사여구(수사학)나 언어적 설득 기술에 지나지 않으며(토론에서나 유용한 기술), 이 기술을 배움으로써 제자들이 '좋은 사람'으로 여겨지게 된다고 주장했다.

소크라테스는 지저분하고 못생긴 코를 가진 작은 체구의 남자였다. 아버지는 석공이었고 어머니는 산파였다. 아내 크산티페는 채소를 팔고, 종종 남편이 참을 수 없을 정도로 변덕이 심한 성격의 소유자였다. 그럼에도 소크라테스는 많은 아테네 젊은 이들에게 카리스마 넘치는 스승이었음이 분명하다. 그는 청년들에게 모든 것에 대해 질문하도록 가르쳤다. 끝없이 질문하는 이 상한 습관은 그들의 부모를 짜증나게 만들었다.

소크라테스와의 대화

o o o

소크라테스는 항상 자신은 아무것도 모른다고 주장했는데, 이는 델타 신탁이 소크라테스를 '그리스에서 가장 현명한 사람'이라고 불렀던 이유다. 그는 적극적으로 제자들에게 사상논쟁을 하도록 독려했다. 이는 철학적 질문에 만족스러운 답을 내놓는 것이 얼마나 어려운지를 보여준다. 이 짜증나는 '소크라테스와의 대화'가 사람들의 마음속에 만들어낸 불확실성은 그의 별명이 왜 '아테네의 등에(쇠파리)'였는지 설명해 줄지도 모른다.

철학적 대화가 '정의'와 같은 개념에 대해 궁극적인 진리를 발견하여 특정의 도덕적·정치적 문제에 적용할 수 있다고, 소크라테스는 진정으로 믿었다. 그런데 그가 왜 그런 믿음을 갖게 되었는지에 대해선 아무도 모른다. 그의 중심적 믿음은 진정한 도덕적 지혜란 자아 속에 있고 '지식이 곧 덕'이라고 한 것이었다.

너 자신을 알라.

사형선고

° ° °

불행히도 소크라테스에겐 크리티아스와 같이 좋지 않은 친구들이 있었다. 크리티아스는 '30명의 폭군 통치'에 동조하지 않는 많은 아테네인들을 조직적으로 처형한 인물이다. 폭군 통치가 마침내 전복되었을 때, 민주당원들로 구성된 배심원단은 죽은 사람들에 대한 복수를 했다. 소크라테스 역시 폭군의 개로 낙인이 찍혀 불경했으며, 또한 젊은 아테네인들을 타락시켰다는 죄목으로 유죄판결을 받고 사형선고가 내려진다. 소크라테스는 친구와 제자 들이 보는 앞에서 자신의 신념을 언급한 후, 용감하게 독미나리에서 추출한 독을 삼킨다.

소크라테스는 여전히 모호한 인물로 남아 있다. 즉 정치적 동맹에 대해서는 좋지 않은 취향을 보여줬지만, 국가가 명하는 도덕에 반대하는 독립적인 사상가들에 대해서는 항상 옹호하는 입장이었다. 하지만 그는 철학 자체를 바꾸었다. 그로 인해 철학적 질문들은 더 이상 물리적 세계의 가장 본질적인 것을 묻지 않게 되었다. 그 대신 인간의 도덕과 정치에 초점을 맞추게 된다.

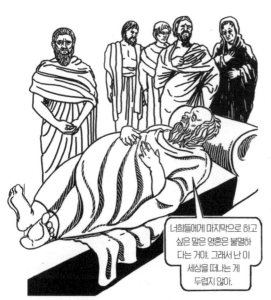

플라톤과 철학의 왕

플라톤(Plato, 기원전 427년~347)은 소크라테스의 제자 중 한 사람이지만, 스승과 달리 타고난 권위주의자였다. 그는 아테네의 귀족 출신이었고 소크라테스에게 사형을 선고한 민주당원들을 증오했다.

그는 동료 아테네인들이 유약해지고 퇴폐로 치닫고 있다고 생각했다. 그래서 아테네에 맞서 모든 전쟁에서 계속 승리하고 있던 무자비한 군국주의 스파르타를 존경했다. 결국 그는 내키지 않는 학생이었지만 시칠리아 디오니시오스 1세의 아들을 가르치는 가정교사를 맡게 된다. 그 뒤 자신의 아카데미 설립을 위해 아테네로 돌아온다. 그의 가장 유명한 작품은 《공화국(The Republic)》인데, 여기에 철학에 기반을 둔 현명한 통치자들이 다스리는 조화롭고 완벽한 사회 건설을 위한 통치철학이자 청사진이 담겨 있다.

내가 모든 것을 관찰한 바… 시정의 난맥에 혐오감을 느꼈어.

본유관념 교리

000

플라톤은 자신의 철학을 교리 형태로 정리해서 소크라테스와의 대화를 문서화했다. 플라톤은 초기 저술에서 우리 모두가 특정한 종류의 지식을 갖고 태어났다는 믿음, 즉 본유관념 신조에 존경을 표했다. 그는 자신의 친구인 메노의 젊은 노예를 심문함으로써 이를 증명했다.

이에 대한 그의 설명은, 우리 모두는 이전부터 존재하는 불멸의 영혼을 가지고 있으며, 모든 학문은 그저 '기억' 즉 회상일 뿐이라는 것이다.

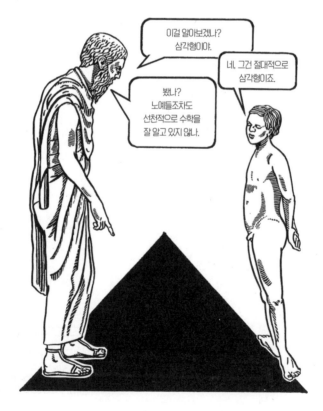

이상적인 형식

○○○

이렇게 지식이 '회상'일 뿐이라는 관점은, 플라톤을 '두 세계'의 사람으로 만들도록 도왔다. 비록 모두가 볼 수 있는 명백하고 평범한 일상의 세계가 있지만, 영원히 완전한 '형상'이 속하는 또 다른 세계도 존재한다. 형상은 완벽한 견본과 같아서, 우리 모두가 이 세상에서 볼 수 있는 의자와 같이 특정한 사물들은, 완전하고 이상적인 형식의 '의자의 본성'에 대한 열등한 복사본일 뿐이다. 그리고 플라톤이 '수호자'라고 불렀던 소수의 특별한 재능과 훈련을 받은 사람들만이 이러한 이상적인 형식을 볼 수 있다고 한다. 물론 모두가 이에 동의한 것은 아니다.

난 테이블과 컵을 볼 수 있어. 나는 테이블의 본성과 컵의 본성을 볼 수 없다!

바로 그거야. 테이블과 컵을 보기 위해서는 눈이 필요하지. 하지만 테이블의 본성과 컵의 본성을 보기 위해선 지성이 필요하며, 당신은 그걸 가지고 있지 않아

동굴 우화

○○○

플라톤은 우화로 자신의 철학을 설명한다. 평범한 사람들은 어두운 동굴에 영원히 갇힌 죄수와 같으며, 이들은 '진짜'라고 여기는 그림자 꼭두각시놀이를 하도록 강요당한다.

마찬가지로, 수학처럼 정신의 기술을 연마해 온 사람은 일상의 경험을 넘어 더 좋고 더 실제적인 형식의 세상이 존재한다는 것을 깨닫게 될 것이다. 그런 개인들은 마침내 '선함 그 자체'를 알아보게 될 것이고, 체제에 의문을 품지 않고 세뇌된 은이나 청동, 철로 된 사람으로 구성된 사회에서 오류가 없는 '황금 통치자'가 될 것이다. 이 공화국에서는 만약 누군가가 무엇을 해야 할지 알고 싶다면, 그저 '수호자'에게 물어보면 될 것이다.

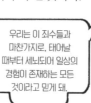

우리는 이 죄수들과 마찬가지로, 태어날 때부터 세뇌되어 일상의 경험이 존재하는 모든 것이라고 믿게 돼.

하지만 한 명의 탈주자가 밝은 곳으로 도망쳐 나오면, 곧 외부에 더 나은 '더욱 실제적인' 세상이 있다는 걸 알게 돼.

플라톤은 후기 작품에서 형상에 대해 그리고 형상이 세상의 일상적인 사물, 즉 '개별적'인 것과 어떻게 관련이 있는지 약간 의구심을 가졌던 것 같다. 플라톤의 체계는 '닫혀' 있다. 만약 그가 지식에 대해 말하는 것을 받아들인다면, 아마도 그의 독재적 도덕과 정치적 견해를 받아들여야 할 것이다.

플라톤은 모든 지식은 수학처럼 영구적이고 비물체적인 것이라고 생각한 것 같다. 하지만 실제로는 그렇지 않은 것 같다. 그는 무언가를 '알려면' 직접 경험해야 한다는 것을 암시하는, 고대 그리스의 이상한 기발함에 '매혹'된 것 같다.

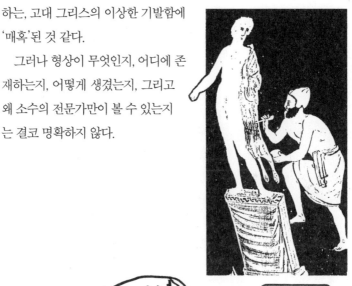

그러나 형상이 무엇인지, 어디에 존재하는지, 어떻게 생겼는지, 그리고 왜 소수의 전문가만이 볼 수 있는지는 결코 명확하지 않다.

'아름다움'이 무엇인지 안다면, 그건 마치 형상을 직접 대면하는 것과 같아.

철학 전문가

○○○

플라톤의 철학은 후대 철학자들이 일상의 표면 아래에 놓여 있는 특별한 종류의 신비주의적 지식이나 '이상적인' 지식을 발견하는 것이 자신들의 임무라고 믿도록 격려했다. 하지만 그의 정치철학은 '탁월한 자'이자 권위적인 엘리트가 통치하는 '유토피아'를 만들려고 하는, 잠재적 위험을 가진 주장이라고 할 수 있다. 우리는 그런 종류의 실험이 어디로 이어질 수 있는지 잘 알고 있다.

제자 아리스토텔레스

○○○

아리스토텔레스(기원전 384년~322)는 18살에 플라톤의 아카데미에서 공부하기 위해 그리스 북부의 마케도니아에서 아테네로 왔다. 그는 20년을 머물렀기 때문에 그곳에서 학생이 된 것에 분명 만족했을 것이다. 플라톤이 죽자 아리스토텔레스는 아테네를 떠나 결혼하고 고향인 마케도니아로 돌아갔다.

　결국 그는 다시 아테네로 돌아가 리시움이라는 자신의 대학을 설립한다. 알렉산더가 죽자 그는 다시 아테네를 떠나야 했다. 왜냐하면 마케도니아 제국주의자들은 갑자기, 그리고 극도로 인기가 없어져 버렸기 때문이다.

　아리스토텔레스는 기원전 322년에 유배지 유보이아에서 생을 마감한다. 그는 포로가 된 사람들에 대해 일찍이 '본질적으로'

> 그리고 마케도니아의 통치자 필립으로부터 아들 알렉산더 13세의 가정교사가 되어 달라는 요청을 받았지.

> 난 후에 정복자가 된 알렉산더 대왕이 되지

노예라고 주장했음에도 불구하고, 유언으로 자신의 노예들을 자유인으로 풀어주라고 요청한다.

연역법 또는 삼단논리학

° ° °

아리스토텔레스는 약 400권의 책을 썼다. 연체동물에서 불멸의 영혼에 이르기까지 거의 모든 것에 대해 썼다.

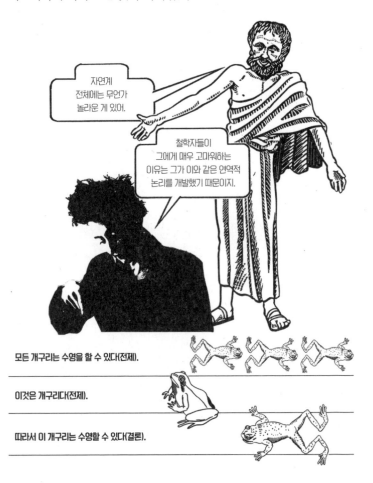

'개구리 아님' 및 '일부 개구리'로 유사한 논리구조 또는 삼단논법을 만들 수 있다. 그리고 만일 당신의 주장이 몇 가지 간단한 규칙(예: 결론에서 전제보다 더 많은 것을 허용하지 않는 것과 같이)을 따른다면 그것은 타당할 것이다. 만약 전제가 사실이고, 당신의 논증이 타당하다면 결론은 보장된다.

논리학은 강력한 도구이지만 아리스토텔레스는 논리학이 정확히 무엇을 의미하는지에 대해 명확하지 않았다. 즉 논리학이 세상 그 자체에 대한 것인지, 인간의 마음에 대한 것인지, 아니면 언어가 어떻게 작용하지에 대해 말하는 것인지 명확하지 않았다.

개구리는 헤엄칠 수 있으므로, 물에 던져서 답을 찾을 필요가 없어.

귀납법과 과학

○○○

아리스토텔레스는 플라톤의 기괴한 형상론에 전혀 납득할 수 없었다. 그 역시도 세상이 '형상'으로 이뤄져 있다고 믿었지만, 그것들은 단지 '자연적인 종류'나 종일뿐이었다. 과학자의 임무는 이 모든 '종'이라는 것이 무엇인지 알아내고, 그것들의 속성을 탐구하는 것이다.

이것이 아리스토텔레스가 귀납법의 중요성을 인식한 이유 중의 하나였다. 우리는 헤엄치는 개구리를 관찰함으로써, 모든 개구리가 헤엄칠 수 있다는 추측을 할 수 있다.

특정 개구리에서 종까지 일반화할 수 있음으로써 과학을 시작할 수 있다. 우리는 개별 개구리에 대한 결론을 추론하기 위해 종에 대한 귀납적 일반화를 사용할 수 있고, 이는 과학에 예측의 힘을 부여한다.

이 개구리들은 헤엄을 칠 수 있다.

그러므로 모든 개구리는 헤엄을 칠 수 있다.

모든 개구리는 헤엄칠 수 있다. 이것은 개구리다. 그러므로 이 개구리는 헤엄을 칠 수 있다.

최종 원인(목적인)

○○○

아리스토텔레스는 모든 것은 '형상'이 아닌 개별적인 것으로만 존재하며, '목적인' 또는 잠재적 기능을 가지고 있다고 생각했다. 따라서 불은 위로 올라가려는 지속적인 잠재력을 갖고 있고, 무거운 물체는 아래로 떨어진다. 식물이나 동물, 인간 등은 훨씬 더 복잡한 기능을 가지고 있다.

사물이 움직이는 이유에 대해, 이 순환적이고 다소 공허한 설명을 목적론적 설명이라고 한다. 이는 마치 '원인'이 외부의 분리된 '압력'이 아니라, 내부의 신비로운 '인력' 또는 궁극적인 목적인 것처럼 보인다. 하지만 현대 철학자와 과학자들은 모든 것의 최종 목적이 무엇인지에 대해 확신하지 못한다. 다윈의 진화론적 신념 덕분에 과학자들은 그러한 것이 존재하는지조차 의심한다.

> 모든 사물과 사건에는 원인이 있기 때문에, 만약 그것들이 모두 시간의 초기로 거슬러 올라가면, 반드시 첫 번째 원인 또는 '원동자(제1운동자)'가 있어야 해.

> 신성한 창조주와 아주 가까운 무언가.

영혼과 물질

000

아리스토텔레스 또한 근본적 물음에도 도전했다. 그는 물질적 개체들이 영구적인 '형상'의 열등한 복사본일 뿐이라는 주장을 받아들이지 않았다. 아리스토텔레스에게 모든 것은 '본질적' 또는 '우연적' 특성을 가진 고유한 '실체'로 만들어진다. 그리고 이 본질적 속성이 어떤 존재를 정의한다.

이 '실체'라는 철학적 문제는 그후 2,500년 동안 철학자들을 계속 괴롭혀 왔다. 아리스토텔레스는 영혼이 모든 생물학적 생명의 원리라고 말했다. 식물은 그것을 자라게 하는 식물의 영혼을 가지고 있고, 동물은 그것에 감각을 주는 영혼을 가지고 있고, 인간은 두 가지에 더하여 이성을 가지고 있다. 피타고라스와 플라톤이 말하는 영혼과는 달리, 아리스토텔레스의 영혼은 불멸을 보장하지 않는다.

소크라테스가 소크라테스이려면 남자이고 철학자여야 해.

하지만 그의 머리 모양과 같은 우연한 특성은 정의에 속한 것은 아니지..

중용의 윤리

000

플라톤은 도덕성은 오류 없는 전문가인 철인에게 맡겨야 한다고 생각했다. 아리스토텔레스는 도덕은 대부분 어른들의 경험에서 얻어진 실용적인 일상의 기술이라고 생각했다. 부모는 자녀가 다른 어린이와 성인을 대할 때 도덕적으로 행동하도록 훈련시킨다면, 자녀는 다른 사람들을 대하면서 현명하고 온건해지는 방법을 배운다. 비록 인간의 도덕적 '소프트웨어'가 양극단 사이에서 '중도'를 선택하도록 규칙적으로 훈육돼야 할 필요가 있더라도, 인간은 조화롭게 살도록 프로그램화된 사회적 동물이다. 결국 아리스토텔레스의 윤리는 도덕보다는 자기희생에 관한 것이다.

적절하게 행동함으로써 완성된 인간으로, 그리고 선량한 시민으로서 '행복한' 존재가 될 수 있다.

책임을 지는 것

아리스토텔레스는 소크라테스가 '지식은 덕'이라고 믿는 것은 잘못이라고 생각했다.

아리스토텔레스의 윤리는 무미건조하고 명백해 보일지 모르지만 그의 '덕 이론'은 옳을 수 있다. 어쩌면 윤리는 '순수한' 도덕체계나 규칙을 개발하는 것이 아니라, 도덕적으로 능숙한 사람들을 생산해내는 것이어야 할지도 모른다. 그러나 인간에게 이러한 도덕적 '덕'이나 기능이 있는 것일까? 인간의 기능은 무자비한 개인주의자로 행동하는 것은 아닐까?

플라톤적 몽상가,
아리스토텔레스적 현실주의자

000

소크라테스, 플라톤 그리고 아리스토텔레스는 서양 철학을 확고하게 확립했다. 철학자 화이트헤드(A.N. Whitehead, 1861~1947)는, 모든 서양철학은 궁극적으로 플라톤에 대한 '각주' 이상의 것으로 구성되지 않는다는 유명한 말을 남겼다. 플라톤은 철학자들이 여전히 답을 찾고 있는 문제를 올바르게 질문했다. 또한 그 이후로 철학자들은 두 가지 경향 중의 하나를 가졌다는 것이 일반적인 견해이다.

플라톤주의의 경향 - 이성의 사용을 통해 숨겨진 궁극적이고 신비로운 진리를 추구하지.

아리스토텔레스적인 경향 - 이들은 신중하고 체계적이며, 오로지 자신들의 감각에 의존하지.

막간 : 간략한 역사

●○○

독립적이던 그리스 도시국가들은, 결국 페르시아와 이집트를 넘어 인도 국경까지 정복한 아리스토텔레스의 제자인 알렉산더 대왕(기원전 356~323)의 제국에 정복된다. 그리스 문화가 지중해 전역에 퍼지면서 헬레니즘 시대(기원전 323~27)도 그렇게 시작되었다. 그리고 로마제국이 점령할 때까지, 알렉산더 휘하의 장군들은 정복한 이 영토를 분할 통치했다. 이들 중 하나는 이집트의 여왕 클레오파트라(기원전 69~30)였다.

> 로마인들은 훌륭한 군인, 기술자, 건축가지만 그다지 혁신적인 철학자는 아니에요.

> 알렉산드리아의 그라스식 이집트 도시는 유클리드, 갤런, 프톨레마이오스와 같은 많은 그리스 사상가들의 도피처였어.

미식가들 : '정원 가꾸기'

ooo

헬레니즘 철학은 아리스토텔레스의 '좋은 삶'의 모델에 영향을 받아 여러 학파로 분열되었다. 하지만 좋은 삶은 더 이상 작은 도시국가의 가치 있는 시민이 아니라, 타락한 거대한 제국주의 체제에서 살아남아야 한다는 걸 의미했다.

에피쿠로스(Epicurus, 기원전 341~270)는 개인이 행복하기 위해서는, 평온과 마음의 평화가 필요하다고 주장했다. 데모크리토스의 추종자인 그는, 죽음은 두려운 것이 아니라 단지 우리의 영혼과 육체가 원자로 녹아내리는 피할 수 없는 현상이라고 주장했다. 개인적 만족이란, 오로지 추악하고 종종 폭력적인 정치세계로부터 물러나야만 얻을 수 있고, 이것이 에피쿠로스 학파들이 때때로 '정원 철학자들'로 불리는 이유이다.

삶은 보통의 즐거움을 추구하고 우정을 쌓음으로써 즐거움을 느끼는 것이지.

스토아 철학

○○○

스토아 철학은 좋은 삶을 영위하는 방법은 오직 이성이라는 믿음을 갖고 인간의 감정을 불신하는 것이라고 했다. 왜냐하면 결국 감정은 사람을 항상 불행하게 만들기 때문이다.

스토아 철학(금욕주의)은 로마 세계에서 가장 영향력 있는 철학이었고, 노예 에픽테토스(Epictetus, 55~135)나 마르쿠스 아우렐리우스(Marcus Aurelius, 121~180) 황제만큼이나 사회적으로 신분이 다른 사람들까지 매료시켰다.

현대 철학자 마사 누스바움(Martha Nussbaum, 1947)은 키케로(기원전 106~43), 세네카(Seneca, 기원전 4~65)와 마르쿠스 아우렐리우스에서 스토아 도덕 정치론의 풍부한 광산을 재발견하고, 세계 시민권과 평등 이상을 공유했다.

인간의 자존심을 거부하고 다른 사람에게 감정적 애착을 갖지 않도록 주의하시오.

우리에게, 인간의 사회적, 정치적 삶이 어리석고 잔인하다 해도, 우주는 그 자체로 합리적이죠.

회의론과 냉소론

○○○

회의론자들 또한 좋은 삶을 추구했지만 그들이 제시한 해결책은 조금 이상했다. 회의주의는 피론(Pyrrho, 기원전 360~272)이 처음 주창한 것인데, 그는 어떤 것도 믿는 것은 현명하지 못하다고 가르쳤다. 그는 이 믿음을 극단까지 몰고 나가 벼랑 끝까  지, 그리고 말 앞에 이르기까지 걸어갔으며, 늙어 죽을 때까지 버리지 않았다. 완전한 무정부주의자이자 냉소주의자인 디오게네스(Diogenes, 기원전 412~322)는 통 속에 들어가 살면서, 모든 사람에게 심지어 알렉산더 대왕에게도 무례하게 굴었다.

모든 사람이 이미 자유롭기 때문에 반항할 필요가 없어.

회의주의는 독단적 신념을 가지지 않음으로써 걱정에서 자유로워지기 때문에 행복을 낳지.

섹스투스 엠피리쿠스
(200년경)

헤라클리투스처럼 섹스투스는 모든 지식은 상대적이고 신뢰할 수 없으며, 궁극적으로 어떤 것도 증명할 수 없다고 지적했다. 모든 증거도 그 자체로 증명되어야 하며, 이런 식으로 증거를 증명하는 것은 무한대로 계속된다. 결국은 당연하게도 회의론자들은 기인적이다. 즉 그들은 항상 하나의 중심 신조인 상대주의를 독단적일 만큼 지지한다.

더 짧은 역사

○○○

로마제국은 종종 서기 5세기에 무너졌다고 말하지만, 로마 자체는 그후에도 기독교의 중요한 중심지로 남아 있었다. 그리고 동쪽 절반의 제국, 비잔티움은 콘스탄티노플을 수도로 하여 서기 293년에 수립되어, 1453년 터키군에 함락될 때까지 지속되었다. 아랍 문명은 7세기부터 이슬람의 지배 하에 번성을 거듭하면서 북아프리카 전역과 스페인으로 확산되었다.

우리는 그리스 철학과 과학을 보존했다. 이 철학들이 암흑시대에 출현한 서구에 의해 '재발견'될 때까지 말야.

유목민인 약탈족의 침입과 도시 쇠퇴로 인해, 유럽의 포스트 로마시대(로마 이후 시대)는 서양 철학의 암흑기였다.

기독교의 도래

○○○

콘스탄티누스(Constantine, 285~337)는 로마 황제 중 최초로 기독교를 채택하고, 기독교를 제국의 공식 종교(320년)로 삼았다. 이 시기부터 서유럽 전역에 제국의 보편적 문화로서 로마 가톨릭이 강요되었고 교회의 권력이 시작되었다. 교회는 모든 형태의 철학적 사상을 독점하고 있었고, 독립적이거나 비정통적인 견해를 적극적으로 억제했다.

플로티누스(Plotinus, 204~270)와 같은 일부 철학자들은, 초기 교회의 교리를 플라톤의 작품과 쉽지 않은 조화를 이루려고 시도했다.

교회 아버지들

○○○

이 시기의 주요 철학자들은, 교회의 핵심 교리와 복잡한 신앙을 명확히 확립하였기 때문에 교회의 아버지로 불린다. 이들은 신이 신학적 문제를 논하고 토론하기 위해 인간에게 이성을 부여했다고 믿었기 때문에 철학자로 간주된다. 기독교 신앙에는 맹목적인 미신보다 더 한 것들도 많았다.

늘 교회의 절대적 권위를 고집하는 '아버지들' 중 한 명이 성 아우구스티누스(St Augustine, 354~430)였다. 그는 북아프리카에서 태어났고, 자신의 사악했던 젊은 시절에 대한 유명한 고백서를 쓰기도 했다.

난 33살에 기독교로 개종했고, 나 자신과 세상의 여러 악의 문제에 사로잡혔지.

악의 문제

000

아우구스티누스는 악은 신에게서가 아닌 우리에 의해 발생한다고 주장했다. 만약 신이 인간 대신에 프로그램화된 로봇 같이 '선한' 사람을 만들었다면 악의 문제는 발생하지 않았을 것이다. 하지만 신은 관대하게도 우리를 자유롭고 자율적인 인간으로 창조했다.

아우구스티누스는 신은 우리가 어떤 도덕적 선택을 하려고 하는지, 항상 알고 있지만 간섭하지 않는다고 결론지었다. 아우구스티누스 또한 신의 존재에 대한 목적론적 논쟁에 깊은 감명을 받는다. 이것이 최종 원인 즉 목적의 교리다. 세상은 아름답고 질서정연하게 설계되어 있으며, 이 모든 것은 시간을 초월해 존재하는 신성한 창조자를 가리킨다.

> 안타깝게도 우리는 자유를 악한 일에 사용하며, 악은 바로 거기서 발생하지.

성 안셀모의 증명

○○○

11세기에 이르러 철학 신학자들은 '스콜라 학자'로 불리게 되었고, 이들의 철학을 '스콜라 학파'라고 불렀다. 성 안셀모(St Anselm, 1033~1109)는 신의 현존을 증명하는 존재론적 논증이라는 남다른 주장을 펼친 것으로 유명하다.

> 신에 대한 모든 생각은, 지금까지 존재했던 생각들 중에서 가장 위대한 것이어야 한다.
>
> 그러나 마음속에만 존재하는 것은 현실 속의 존재보다 못하다.
>
> 신은 상상할 수 있는 가장 위대한 존재인 만큼, 마음속은 물론이고 현실에도 존재해야 한다.

성 안셀모는 단어들의 틀을 올바르게 잡을 수 있다면 어떻게든 신의 존재를 증명할 수 있을 거라고 생각한 듯하다. 존재론적 주장은 일종의 요술이자 속임수이다.

하지만 사물과 사물에 대한 생각은 존재하는 곳이 다르다는 우려도 있지.

아벨라르의 명목론

$\circ\circ\circ$

성직자 피에르 아벨라르(Peter Abelard, 1079~1144)는 제자인 엘로이즈와 바람을 피운 죄로 거세를 당했다. 엘로이즈는 수녀원에 들어갔고 그들은 사랑의 편지를 주고받으며 여생을 보냈다. 아벨라르는 세상과 언어의 본질에 대해 몇 가지 도전적인 생각들을 만들어냈다.

'고양이'나 '의자'와 같은 사전 속 단어들은 보통 '보편적인' 것이나 사물의 종류를 지칭한다. 플라톤은 이러한 단어들이 특별하고 신성한 '형상'을 지칭한다고 생각했다. 아벨라르는 그와 같은 실체는 없고 오로지 개별적인 특수자만 존재할 뿐이라고 주장했다. 그래서 언어는 종종 철학자들을 속여, 존재하지 않는 이상한 것들이 존재한다고 믿게 할 수 있다.

아퀴나스와 자연신학

000

성 토마스 아퀴나스(St Thomas Aquinas, 1225~74)는 아리스토텔레스가 '원동자'에 대해 내놓은 것과 유사하게, 신의 존재에 대해 또 다른 주장을 내놓았다. 모든 우주론적 논증은 모든 사물에 원인이 있으며, 결국에는 하나의 대원인, 또는 신이 있어야 한다고 지적한다. 아퀴나스는 또한 '자연신학'을 믿었다.

이는 과학이 반드시 이단적인 활동이 아니라는 것을 의미했기 때문에 중세 과학자들에겐 희소식이었다. 아퀴나스의 교리 또한 드물지만 세속법이 신의 법률과 상충된다고 믿는다면 거역할 수 있음을 암시했다.

오컴의 면도날

○○○

윌리엄 오컴(William Ockham, 1285~1349)과 같은 신학자들은 논리와 언어, 의미의 난해한 문제들에 대해 스콜라주의적 관심을 추구하게 된다.

오컴은 또 다른 명목론자였는데, 많은 강단철학은 사실 상상의 실체에 대한 왈가왈부에 지나지 않는다고 지적했다. 그는 위대한 진리는 대개 단순하다고 생각했기 때문에, 단순한 답보다는 복잡한 답을 선호하는 것은 어리석은 일이라고 생각했다. 그의 원리는 '오컴의 면도날'로 알려져 있으며, 안타깝게도 철학이 아니라 과학에 큰 영향을 미쳤다.

더 적은 힘으로 할 수 있는 일을 더 많은 힘으로 하는 것은 어리석은 짓이야.

가능한 모든 것은 단순하게 만들어야 하지만 너무 단순하면 안 돼.

르네상스 인본주의

○○○

르네상스로 알려진 복잡한 역사적 · 문화적 사건은 14세기 이탈리아 북부에서 시작되어, 이후 2세기 동안 서유럽 전역으로 퍼져나갔다.

봉건사회는 점차 쇠퇴해 갔다. 도시는 더 중요해졌고 근대의 상업계급 구성원들은 수학이나 과학, 그리고 기술 분야의 새로운 아이디어를 장려했다. 그렇게 하는 편이 돈을 더 벌 수 있었기 때문이다. 또 다른 큰 변화인 종교개혁은, 개신교 국가에 살고 있는 철학자들이 과학이나 정치, 도덕에 대해 좀 더 급진적인 질문을 할 수 있게 했다.

르네상스 '인본주의'는 철학자들이 이제 인간의 성취와 사상에 대해 생각할 수 있다는 의미지.

그리고 신의 존재와 본질에 덜 전념하고 말야.

회의론자 에라스무스

○○○

의도치 않게 개신교 개혁을 시작하도록 도운 철학자가 에라스무스 (Erasmus, 1466~1536)인데, 그의 책《우신예찬(Praise of Folly)》이 있다. 에라스무스는 가톨릭 교회의 부패에 대해 맹렬히 비판했다. 철학자들 중에서는 최소한 그가 가장 격렬했다.

그 역시 자신 이전의 회의론자들처럼, 인간의 '지혜'는 도달 불가능한 환상에 불과해서 성취할 수 없는 것이라고 여겼다.

정치 이론가

000

아리스토텔레스는 중세의 신학, 철학, 과학의 대부분을 지배했다. 그런데 르네상스 시대의 과학자들이 종종 엄청난 오류를 발견하기 시작한다. 태양은 지구 주위를 돌지 않는다. 아리스토텔레스는 모든 정치 활동의 목적은 도덕적으로 올바른 시민을 배출하는 것이라고 주장했다. 두 명의 르네상스 정치 철학자는 이 역시 틀린 것이라고 생각했다.

니콜로 마키아벨리(Niccolò Machiavelli, 1469~1527)는 르네상스 시대 이탈리아 통치자들의 전혀 원칙이 없고 무자비한 행동들을 관찰한 뒤, 정치는 필연적 배신과 기만의 더러운 게임이라고 결론지었다. 그는 《군주론(Prince)》에서 도덕과 정치는 섞일 수 없다고 주장했다.

마키아벨리는 진정한 철학자라기보다는 정치 이론가에 가깝지만, 그의 현실 정치에 대한 예리한 통찰은 세속적 현대 시민사회의 원리를 관통했다.

성공적인 통치자는 종종 속이고, 거짓말을 하고, 약속을 어기고, 심지어 살인을 해야 해.

영국인 토머스 홉스(Thomas Hobbes, 1588~1679)는 《리바이어던(Leviathan)》에서, 인간 본성에 대해 비관적인 이야기를 했다. 그는 기하학의 연역적 정확함에 매료되어, 논리적인 주장이 정치철학을 만들어내는 데 활용될 수 있을 거라고 생각했다. 때로는 심리적 이기주의라고 불리기도 한 인간 본성에 대한 그의 견해는 기계적일 뿐 아니라 무척 냉소적이다.

'자연 상태'에서 사람들 자신의 방식대로 맡겨 놓는다면, 그들은 필연적으로 서로를 죽일 것이다. 모든 사람들의 삶은 곧 '외롭고, 가난하고, 야만스럽고, 잔인하고, 짧게' 될 것이다.

인간은 본능적으로 이기적이고 무자비하기에, 도덕적인 존재로 만들려는 모든 시도는 시간 낭비지.

사회계약론

○○○

암살당하지 않으려는 필사적인 시도에서, 이기적인 개인은 서로 호혜적인 '사회계약'을 맺어야 한다고 홉스는 믿었다. 그러나 무자비한 개인주의자들 간의 계약은 반드시 두 번째 '정부계약'으로 강화되어야 한다. 이는 정부가 첫 번째 계약을 위반한 사람들을 처벌할 수 있도록 하는 것이다.

도덕은 법률에 복종한다는 것과 같다. 이는 같은 종으로서 인간에 대해 아첨하는 설명이 아니다. 적어도 홉스는 인간 본성에 대한 새로운 관점과, 정부는 계약을 통해서만 통치할 권리를 갖는다는 믿음을 장려했다.

주권 정부는 인간의 생명과 문명적 가치를 보존하기 위해 반드시 필요하다. 도덕성은 악인들 간의 냉소적인 합의에 지나지 않는다.

베이컨의 과학철학

000

프랜시스 베이컨(Francis Bacon, 1561~1626)은 자칭 교활한 영국 정치인이었지만, 철학자로서 새로운 과학을 통해 성취할 수 있는 것들에 많은 관심을 갖고 있었다. 그는 '아는 것은 힘이다.'라고 말했다. 그는 스스로 과학적 발견은 하지 못했지만 갈릴레오(Galileo, 1564~1642)와 같은 과학자들이 사용한 경험적 관찰, 실험, 귀납법과 같은 새로운 과학적 방법에 철학적으로 관심을 가졌다. 베이컨은 아리스토텔레스의 최종 원인 학설에 대해서는 큰 의구심을 갖고 있었다.

그는 결국 자신의 아마추어식 과학조사로 인해 죽게 된다. 그는 추운 겨울에 닭에게 눈을 채워 넣고 관찰하기 위해, 반복적으로 외출하다가 기관지염으로 사망했다. 추위에 닭이 살아남는지 알아보고 싶었던 것이다.

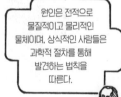

원인은 전적으로 물질적이고 물리적인 물체이며, 상식적인 사람들은 과학적 절차를 통해 발견하는 법칙을 따른다.

근대 철학의 기원

° ° °

근대 철학은 프랑스의 수학자 르네 데카르트(Rene Descartes, 1596~1650)에서 시작된 것으로 보는데, 그는 개인의 자율성을 주장하고 정통 철학의 답변을 받아들이기를 거부했다. 그는 외부 세계와 관련된 마음의 내적 작용을 조사하고 지각과 사고의 차이를 강조했다. 그의 체계적인 의심의 방법은 내적 성찰적이고 자전적이지만, 다른 한편으로 매우 객관적이고 논리적이었다.

데카르트는 천문학과 같은 과학에서 수학이 큰 도움이 된다는 것에 깊은 감명을 받았다. 그는 자신의 철학 대부분을 조용하고 관대한 네덜란드 교외에서 썼다.

모든 믿음은 의심을 넘어 입증되어야 한다. 나는 확실하게 지식을 확립할 수 있는 철학을 추구한다.

과학적 의심

○○○

데카르트의《방법서설(Discourse on Method)》(1637)은 몇 가지의 간단한 절차와 규칙을 따름으로써, 새로운 종류의 정확한 과학 지식을 발견하려고 했다. 그는《성찰(Meditations)》(1641)에서, 확실하게 알 수 있는 종류의 지식에 어떤 것들이 있는지 묻는다. 그리고는 모든 것에 대해 근본적으로 의심을 갖는 기법을 적용함으로써, 모든 것에 대해 자신의 믿음을 깨뜨릴 수 있음을 알게 된다. 그의 추상적인 생각조차도 환상에 불과하거나 틀릴 수 있다. 눈에 보이지 않는 악마는 그에게 최면을 걸어 그가 깨어 있지 않았는데도 깨어 있었다고 생각하게 만들어 정확한 수학적 계산을 수행하도록 할 수 있다.

나는 생각한다. 고로 존재한다

○○○

데카르트적인 의심은 누적되고 무자비해져 갔다. 그리고는 보장된 확실한 지식이 없다고 주장한다. 심지어 자신의 육체가 진짜인지조차 확신할 수 없었다. 그러나 자신의 생각이 존재한다는 것만큼은 확신할 수 있었다. 의심하는 것도 일종의 생각이기 때문에, 자신이 생각하고 있다는 것을 의심할 필요는 없는 것이다. 이러한 통찰력으로 "나는 생각한다. 고로 존재한다."라는 유명한 말을 남길 수 있었다.

이러한 지적 돌파구를 통해 데카르트는, 인간은 특이하게도 물질적인 육체에 살고 있는 영적 정신이나 영혼 등을 가진 이원론적 존재라는 것을 증명했다. 육체는 기계와 같아서 결국 소멸하지만 정신은 불멸이다. 물론 이 두 가지가 어떻게 상호작용하는지는 분명하지 않다.

나는 생각하고 있으므로 나는 적어도 어떤 정신적 의미에서는 존재해야 한다. 그래서 나는 생각하므로 고로 존재한다.

명석판명한 생각

○○○

데카르트는 신이 원래 Cogito(생각하는 나) 그 자체만큼 '명석판명한' 추상적·이성적 사고를 보장해 줄 것이라고 생각했다. 이는 세상에 대한 '명확한' 수학적 사고는 올바르지만, 이에 비해 감각적 경험은 모두 주관적이고 결함이 있다는 것을 의미한다.

결국 데카르트의 회의론은, 자신에게 어떤 종류의 확실한 지식이 있는지를 규명하기 위해 사용하는 일종의 철학 게임이다.

독특하고 개인적으로 확신하는 것에 이르는 데카르트의 주관적 길에는 많은 문제가 있다. 우리의 감각들이 '거짓말'을 한다고 믿는 것은 이상해 보인다. 우리는 물속에 잠긴 막대가 곧다는 것을 알고 있다. 왜냐하면 우리의 눈이 나중에 그렇게 말해주기 때문이다. 수학적 확실성에 대한 보증인으로 신을 의지해야 한다는 것도 적절해 보이지 않는다.

오렌지의 크기와 무게는 확실하지만, 색깔이나 냄새, 맛은 확실하지 않다.

데카르트의 유산

○○○

데카르트의 고독한 사고는 범접할 수 없는 사적인 것으로 보인다. 하지만 그것은 여전히 일련의 문법적 규칙과 그 배후에 문화적 역사를 가진 단어들로 구성되어 있다. 어쩌면 전적으로 인간 밖에 있는 벽, 객관적인 확실성을 탐구한다는 것은 그 자체로 잘못된 생각일지도 모른다. 그래도 데카르트 덕분에, 후기 철학자들은 완전히 새로운 수수께끼를 풀어나갈 수 있었다.

데카르트 철학은 진정한 지식은 이성으로부터만 끌어낼 수 있다는 교리를 존중하게 만들었으며, 경험적 지식은 이류라는 발언을 부수적으로 했다. 그 결과 그의 철학은 다음 수백 년 이상의 세월 동안 지속된 철학적 토론을 일으켰다.

스피노자의 질문

바뤼흐 스피노자(Baruch Spinoza, 1632~77)는 데 카르트와 마찬가지로 고독한 삶을 살았던 유 대인 혈통의 네덜란드인이었다. 자유사상 철 학자였던 그는 유대인 사회에서 추방되었고, 렌즈 연삭기로 겨우 연명하며 빈곤한 삶을 살았는데, 이 직업이 결국은 그의 폐를 손상 시켜 죽음에 이르게 했다.

　　스피노자는 '물질'이라는 것에 대해 고심하고 있었다. 데카르트의 주 장대로, 완전히 자족적인 두 종류의 물질(정신적 물질과 육체 적 물질)이 있는데, 이 둘은 어떻게 상호작용할 수 있을까 에 대해 고민했다.

스피노자가 《윤리학(Ethics)》(1677) 에서 밝힌 대답은 데카르 트의 '심신이원론(Dualism)' 을 반박하는 것이었다.

어떻게 정신적인 결정이 육체를 '움직이게' 할 수 있을까?

그리고 육체적인 감각은 어떻게 정신에 영향을 줄 수 있을까?

스피노자의 심신일원론

○○○

스피노자는 기하학의 연역적 방법을 사용하여, 단 하나의 실체, 즉 신이 있음을 증명했다. 즉, 이런 신 속에 모든 것은 양태로 존재한다. 자연의 모든 것을 추론할 수 있는 하나의 과학법칙 체계가 있다는 것이다. 우리는 오직 신의 두 가지의 무한한 속성, 즉 생각(정신)과 연장(신체)을 알고 있을 뿐이지만, 두 가지 존재의 양태는 같지만 다르게 표현되어 있다. 어떤 물체(연장 양태)도 인간의 신체가 정신을 가지고 있는 것처럼 생각의 양태와 동일하다. 그렇다면 이것은 돌들이 '생각한다'는 것을 의미하는가?

스피노자는 신학 속에 있는 논리를 강조한다. 이 때문에 그에게 있어 과학의 전적인 자유는 성서에서 중요하게 여기는 모든 것과 모순되지 않는다. 그의 '심신일원론'은 범신론('모든 것에 신이 깃들어 있다')과 잘못 혼동되어 영국과 독일의 낭만주의에 많은 영향을 미쳤다.

라이프니츠와 단자론

000

고트프리트 빌헬름 라이프니츠(Gottfried Wilhelm Leibniz, 1646~1716)는 믿을 수 없을 정도로 뛰어난 수학자, 철학자, 정치가였다. 아이작 뉴턴 경(Sir Isaac Newton, 1642~1727)과의 논쟁에서, 그는 '추론의 대수'를 추구하면서 미적분의 기초를 다졌다. 데카르트와 스피노자 둘 다에 비판적이었던 그는 《단자론(Monadology)》(1714)이라는 복잡한 형이상학 체계를 제안했다.

라이프니츠의 중심 개념은, 신의 생각이 무한한 가능성의 세계를 포함하고 있지만, 그것들 중 최상의 것만 실현된다는 것이다. '최상'을 결정하는 것은 최소한의 원인(법칙 또는 수단)과 최대의 효과(상태 또는 종료)이다.

라이프니츠가 말하는 '단자(단일성)'란 무엇을 의미하는가?

우리의 체계는 '가능한 모든 세계 중에서 최고'이다. 왜냐하면 그것은 단자로 이뤄진 최대한으로 일괄적인 체계이기 때문이지.

단자는 개별적 실체로 상상해야 한다.

1. 그것과 일치하는 모든 개념이 들어 있고 다른 개념은 없다.
2. 정신적 기질이나 성향의 '우연' 이외에 다른 부분은 없다.
3. 인과관계는 단자를 사이에 있지 않고 단자의 상태 사이에 존재한다.
4. 각각의 단자는 대우주 전체를 반영하는 소우주다.
5. 가능세계는 신이 도덕적으로 창조했기에 존재하지만, 반드시 물리
   적 필요성에 의한 것은 아니다.

단자적 우주에서 공간은 사물의
개별적인 위치와 관련이 있으며,
시간은 사물의 계기적
상태에 관련된다.

라이프니츠는 스콜라 철학과 새로
운 과학적 합리주의를 통합하기 위
해 마지막 거대이론을 펼치려고 시도했
다. 이 때문에 '근대의 아리스토텔레스'라고도 불린다. 라이프니츠는 공
간과 시간은 절대적이고 무한하다는 뉴턴의 이론을 반박했다.

볼테르와 계몽주의

000

라이프니츠는 우주의 기본 구조를 설명하기 위해 정교한 형이상학적 모델을 만들어냈다. 하지만 과연 그것이 진리일까? 그리고 그것이 사실인지 아닌지를 어떻게 확인할 수 있을까? 이것은 그와 스피노자의 합리주의 철학의 주요 약점을 드러낸다. '가능한 모든 세계 중 최상'에 대한, 라이프니츠의 지나치게 낙관적인 관점은 볼테르의 소설《캉디드 혹은 낙관주의(Candide)》(1759)에서 풍자되었다. 볼테르(Francois Marie Arouet, 1694~1778)는 급진주의 시대이자 독단적 신조, 미신, 폭정을 넘어, 이성의 힘에 대한 새로운 신뢰의 시대를 연 계몽주의의 위대한 챔피언이었다.

볼테르는 다재다능한 백과전서파인 드니 디드로(Denis Diderot, 1713~84)

와 다른 프랑스 철학자들과 함께, 경험주의의 위대한 선구자들인 영국의 베이컨, 뉴턴, 로크를 대중들에게 널리 알렸다.

로크와 영국 경험주의

○○○

존 로크(John Locke, 1632~1704)는 정신과 지각에 관해 데카르트의 사상을 많이 채택했지만, 인간의 근본적인 지식은 감각에서 비롯되어야 한다고 주장하는 경험론의 창시자이기도 하다. 또한 그는 선천적 관념에 대한 플라톤과 데카르트의 교의는 터무니없을 뿐 아니라, 형이상학의 대부분은 말도 안 된다고 생각했다.

이렇게 해야만 정신은 자신의 새로운 관념을 조합하고 감각과 분리해서 독립적인 사고를 시작할 수 있다.

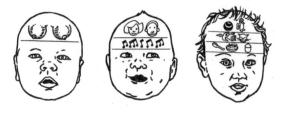

로크는 세상에 대한 경험은 항상 간접적이라는 데카르트의 말에 동의했다. 우리의 정신이 실제로 경험하는 것은 모두 표현이나 정신적 이미지인데, 이는 우리가 세상이 만들어지는 '실체'에 대해 어떤 직접적인 지식도 갖고 있지 않다는 것을 의미한다. 로크는 또한 오렌지와 같은 어떤 물체에 대해 우리의 경험이 혼재되어 있다는 데에 동의했다.

로크에게서 세계는 단색, 무취의 장소이다. 이런 세계를 우리 인간은 우리 자신의 독특한 색깔과 냄새라는 감각으로 경험한

이것의 크기와 무게의 '1차적' 성질은 오렌지의 '내부'에 있으며 객관적이고 과학적으로 측정할 수 있지.

색, 냄새 및 맛의 '2차적' 성질은 우리의 감각기관에 미치는 영향일 뿐이며 주관적이고 상대적이지.

다. 만약 우리가 다른 행성에서 왔고 다른 감각기관을 갖고 있어도 오렌지는 여전히 둥글겠지만, 그 2차적 성질은 상당히 바뀔지도 모른다. 그러나 로크는 이런 정신적 경험을 하는 외적 세계가 있다는 것을 결코 의심하지 않았다.

버클리의 관념론

000

버클리 주교(Bishop Berkeley, 1685년~1753)는 로크의 경험주의 철학을 훨씬 더 형이상학적인 것으로 바꾸었다. 이는 보통 관념이라고 알려진 것이다. 그는 로크의 1차적, 2차적 성질 구분의 불합리를 파악함으로써, 그것들이 분리될 수 없다는 것을 증명했다.

2차적 성질인 색깔 없이는 물체의 1차적 모양을 구별할 수 없다. 그렇다면 왜 어떤 경험은 '자립적'이고 어떤 경험은 단지 '정신적'이라고 생각할까? 버클리는 우리의 모든 경험은 신에 의해 일어난 정신적 경험이며, 우리의 일상적인 경험은 거대한 환상이라고 결론지었다. 그는 이것을 유명한 격언으로 표현했다. 즉 존재한다는 건 지각한다는 것이다. 다행히 신은 환상을 일관되고 논리정연하게 만들어 우리의 경험을 '꾸러미' 안에 넣는다.

'오렌지에 대한 경험'은 모양, 색깔, 맛 등의 일관된 꾸러미이다.

이것이 함축하고 있는 의미는 사물이 지각되지 않을 때, 그것들은 더 이상 존재하지 않는다는 것이다. 이런 생각은 매우 믿기 어렵지만, 철학자들은 반증이 불가능해 보이기 때문에 오히려 좋아한다. 우리는 버클리의 주장을 반박하기 위해 어떻게 감각의 '외부세계로 기어나갈' 수 있을까?

그러나 '관념론(오직 생각만 존재)'은 '오컴의 면도날'에 매우 취약하다. 즉, 실제로 우리의 경험을 유발하는 것은 극도로 바쁜 신이 아니라, 외부세계라고 가정하는 편이 훨씬 알기 쉬운 설명이 될 것이다.

흄과 경험적 회의론

000

스코틀랜드 계몽주의 철학의 대표적 인물인 데이비드 흄(David Hume, 1711~76)은 프랑스의 주요 철학자들을 대부분 알고 있었다. 그는 무신론자였고 신의 존재를 '증언'하는 전통적인 신학적 주장을 신랄하게 비판했다. 헌신적인 경험주의자로서, 그는 인간 이성의 범위와 힘에 관한 합리주의자들의 주장에 대해서도 극도로 회의적이었다. 버클리처럼 그 역시 철학자의 철학자라 할 수 있는데, 그의 사상의 많은 부분이 다소 기술적이지만 근대 철학에 중요하기 때문이다.

> 만약 당신이 개인적으로 관찰한 모든 백조가 백조였다면, 당신이 호주를 방문해서 검은색 백조를 보기 전까지는 세상의 모든 백조들이 하얀색 조류이다는 주장은 믿을 만하다. 그렇다면 어떻게 되는 건가?

흄은 귀납법이 모든 과학의 신뢰할 수 있는 기반이라고 생각했던 베이컨과 같은 경험론자들에 비해, 귀납법은 지식의 원천이지만 거기에는 주요 약점들이 있음을 인정했다.

흄은 단지 관찰과 귀납법에 기초한 모든 과학적 발견은, 추측적이고 일시적인 것으로 남아 있어야 한다고 지적한다. 귀납법은 결코 논리학이 제공하는 확실성을 제공할 수 없다.

원인론의 문제

◦◦◦

흄은 원인이 무엇인지 명확히 한 최초의 철학자였다. 성 토마스 아퀴나스(St Thomas Aquinas, 1227~74)와 같은 중세 철학자들은 인과관계의 확실성에 대해 확고한 믿음을 가지고 있었다. 그리고 그것은 신의 존재를 증명했다. 흄은 '원인'의 개념을 분석했고, 그 결과 그것은 과거의 경험에 근거한 인간의 믿음에 지나지 않는다는 것을 발견했다. 많은 사람은 모든 사건에는 원인이 있다고 생각하는 것을 좋아한다.

　그것들은 모두 과거의 기계, 식물, 행성에 대한 우리의 관찰인 귀납법에 기반을 두고 있지만, 그것들 중 어느 것도 논리적 확실성을 갖고 있지는 않다. 흄 또한 도덕적 신념을 증명하는 것은 불가능하다는 것을 인정했다.

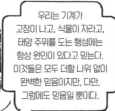

우리는 기계가 고장이 나고, 식물이 자라고, 태양 주위를 도는 행성에는 항상 원인이 있다고 믿는다. 이것들은 모두 더할 나위 없이 완벽한 믿음이지만, 다만, 그럼에도 믿음일 뿐이다.

'사악함'이라는 개념은 눈으로 볼 수 있는 것이 아니다. 모든 사람이 죽었고 소크라테스가 사람이라는 것을 안다면, '소크라테스는 죽는다.'와 같은 사실을 증명할 수 있다.

도덕적 회의론

도덕철학에 대한 흄의 관점은 때때로 '주관주의'라고도 불린다. '히틀러는 악했다.'와 같은 도덕적 명제는, 한 개인의 주관적인 감정('나는 히틀러를 싫어한다.')만을 의미한다는 믿음이다. 흄은 '증명할 수 있는' 인간의 신념이란 사실상 없으며, '이유'는 크게 과대평가된다고 생각했다. 흄은 비록 급진적인 철학자였지만, 개인적으로 보수적인 신념을 갖고 있었다. 그래서 인간은 서로에 대해 자연스럽게 동정심에 의지하며, 모든 사회적 전통을 존중할 때 비로소 만족할 수 있다고 주장한다.

약간 혼란스럽게도, 흄 역시 자아의 존재에 대해 의구심을 품게 되었는데, 자아란 감지할 수 없기 때문이다.

"내가 나를 뭐라고 부르는지 물어볼 때마다, …나는 항상 어떤 지각이나 다른 무언가에 걸려 비틀거린다. …하지만 지각이 없다면 어느 때라도 결코 나를 포착하지 못할 것이다."

루소의 원초적 순수함

○○○

볼테르는 존 로크(John Locke, 1632~1704)의 정치에 관한 책《자연권(Natural Rights)》에 크게 감탄했다. 로크는 개인은 재산을 빼앗기지 않을 권리, 언론과 예배의 자유가 있고, 심지어 부당한 정부와 법률에 저항할 권리가 있다고 주장했다.

그러나 18세기 후반의 가장 영향력 있는 정치 사상가로는 스위스 출신의 전기 낭만주의 철학자 장 자크 루소(Jeanacques Rousseau, 1712~78)를 들 수 있다. 루소는 인간의 본성은 사악하다는 홉스의 사상을 거부했다.

인위적인 욕구는 인위적 탐욕을 자극

문명화되기 이전의 '자연적인' 인간들의 삶은 만족과 자비심의 삶이었어. 하지만 문명과 사유재산이라는 인간의 위대한 발명품이 도래했을 때 모든 것이 무너지기 시작했지.

했다. 이는 그가 보기에 어린이나 야만인 같은 사회 이전의 존재들이 도덕적으로 우위에 있는 이유였다. 자연으로 돌아가라는 낭만주의로 알려진 문화운동에 영향을 주었다.

일반 의지

000

더욱 불길하게도, 루소는 사회법이란 언제나 옳은 '일반 의지'의 표현이어야 한다는 믿음을 갖고 있었다. 이것이 어떻게 확립될 수 있고 언제 시행되어야 할지는 명확하지 않다. 불행히도, 혁명의 상황에서는 항상 무자비한 이상주의자들과 기회주의자들이 전면에 드러난다. 이들은 자신이 이런 추상적 실체를 구현하고 있는 인격이라고 선언하면서, 이를 다른 사람들에게 폭력적으로 강요한다.

흄에 대한 칸트의 반응

o o o

임마누엘 칸트(Immanuel Kant, 1724~1804)는 쾨니히스베르크의 시민들이, 그의 일상적인 산책에 시간을 맞출 수 있을 정도로 규칙적인 습관을 가진 꼼꼼하기 그지없는 독신남이었다. 그의 충실한 하인 람페는 항상 '만일의 경우를 대비해서' 우산을 들고 따라나섰다. 칸트는 흄을 읽음으로써 자신의 이성주의적 '독단의 깊은 잠'에서 깨어났다고 말했다. 그러나 그는 우리가 세상의 과거 경험에 세뇌되기 때문에, 인과관계를 믿는다는 흄의 주장에는 동의하지 않았다.

칸트는 인간은 그런 식으로 되어 있기 때문에 세상의 인과관계를 '본다'고 제안했다. 그는 이성주의자나 경험주의자 들 모두 이를 제대로 이해하지 못하고 있다는 것을 보여준 최초의 철학자였다.

나의 반응은 세상에 대한 우리의 지식이 관찰만으로는 얻을 수 없다고 주장하는 흄에 맞서는 것이었지.

칸트 교수님은 아름답고 지적인 여성과의 교제를 좋아한다고 하더군.

그래, 그의 학생들은 매우 어렵다고 여겨지는 강의를 즐겼다고 하지.

경험에 앞선 정신의 구조

○○○

칸트는《순수이성비판(Critique of Pure Reason)》(1781)에서, 이성을 이용해 형이상학적 '진리'를 확립하려는 시도가 어떻게 항상 불가능한 모순을 낳는지 보여준다. 그런 뒤 우리가 어떻게 세상에 대한 지식을 습득하는지 보여준다. 인간의 정신은 정보를 수동적으로 받아들이는 것이 아니라 능동적이다. 우리는 세상을 바라볼 때 그것을 이해하기 위해 세상을 '구성'한다. 또한 현재 경험에 적용하는 개념 중 일부는 실제로 과거의 개념에서 비롯된 것이지만, 가장 중요한 개념은 경험보다 앞선다. 개념들은 우리의 경험보다 우선적인 것이다.

흄은 우리가 경험을 통해 점차적으로 개념적 장치를 구축한다고 주장했다. 칸트는 우리가 어떤 종류의 정신적 개념 장치를 가지고 있지 않는 한, 어떤 경험도 불가능하다고 주장한다. 그래서 그는 일종의 세련된 이상주의자라고 할 수 있으며, "내용 없는 생각은 공허하고, 개념 없는 직관은 눈을 멀게 한다."고 했다.

> 정신은 우리의 감각을 통해 끊임없이 쏟아져 들어오는 모든 정보를 이해할 수 있도록 설정된 '직관'과 '범주'를 통해 우리가 경험하는 것들을 조직화하고 체계화한다.

본체적(실체적)인 현상 세계

000

더 근본적으로 우리의 모든 경험은 시공간이라는 '직관의 형태'를 통해 우리에게 주어진다. 그래서 일정 부분 세상에 대한 경험은 우리가 조직하고 창조한 것들이다. 그러나 경험하는 것과 경험하는 방법에는 엄격한 제한이 따른다. 우리는 감각기관이 우리에게 주는 '입력'을 선택할 수 없고, 정신이 형성되는 방식을 바꿀 수도 없다.

칸트는 인간의 과학은 현상 세계('보이는 것')를 다루고, 종교는 알 수 없는 본체적 세계(정말로 '있는 것')에 남아 있기 때문에, 과학과 종교는 서로 충돌할 필요가 없다고 결론지었다. 그러나 우리가 경험할 수 있는 모든 것들이 현상 세계라면, 그는 어떻게 실체적인 것이 존재한다는 주장에 대해 그토록 확뢰할 수 있었을까?

우리가 경험할 수 있는 건 현상 세계인데, 이는 진짜 '실체적' 세계와는 전혀 다를 수도 있어. 신은 시간과 공간, 인간 정신의 한계에 따른 제한을 받지 않기에, 오직 신만이 그걸 볼 수 있지.

정언명령

000

칸트는 물질적 대상과 달리 인과관계의 현상 세계에서 벗어날 수 있다고 주장했다. 우리가 도덕적인 존재가 되기로 선택하려면 자유 의지를 가져야 한다. '당위성은 가능성을 내포한다.'

우리가 덕을 쌓으려면 의무를 다하고 경향성을 무시해야 한다. 도덕적인 사람이 된다는 것은, 자연발생적인 것을 하지 않는다는 것을 의미하며, 대

우리가 거짓말을 하기로 결정하고, 모두가 거짓말을 한다면 어떻게 될지 상상할 수 있어.

거짓말이 정상이 된다면, 진리의 개념과 거짓말 자체는 사라질 거야. 언어, 논리, 의미, 그리고 모든 인간의 의사소통은 악몽과도 같은 비논리적인 진공 상태 속으로 사라질 거야.

개는 사악한 욕망에 저항하는 내적 투쟁을 수반한다. 이성을 사용함으로써 우리의 의무가 무엇인지 발견할 수 있다. 즉 일련의 강제적인 규칙이나 정언명령에 순종하는 것이다. 칸트는 또한 '사람은 보편적 법칙이 되기 바라는 원칙에 따라서만 행동해야 한다.'고 주장한다.

그래서 거짓말은 비이성적이고 따라서 잘못된 것이다. 칸트는 신을 믿었고, 종교를 통해 평범한 사람들도 종종 부도덕해 보이는 세상을 이해할 수 있게 된다고 여겼다. 하지만 아마도 도덕에는 개인의 상황과 관계없이, 강제적으로 도덕률을 준수하는 것 이상의 것이 있다. 거짓말을 하는 것이 실제로 도덕적인 일이 될 수도 있는 경우를 생각할 수 있다.

헤겔의 변증법

○○○

게오르크 빌헬름 프리드리히 헤겔(Georg Wilhelm Friedrich Hegel, 1770~1831)은, 오히려 자신만만하게 자신만의 체계철학이 현실 전체와 인류 역사 전체에 대해, 최종적 진실을 드러낼 것이라고 믿었다. 헤겔 철학은 숨이 막힐 정도로 포괄적이고 추상적인 전문 용어로 쓰여 이해하기가 어렵다.

헤겔이 등장하기 전까지 철학자들은 아리스토텔레스가 논리를 발견했고 논리학이란 게 늘 그게 그거였다고 생각했다.

관념은 헤겔이 변증법이라 부르는 논쟁의 과정을 통해, 현실을 좀 더 잘 이해하는 쪽으로 성장하고 점진적으로 변한다.

하지만 또 다른 논리도 있다. 지식은 진실 또는 거짓이라는 고립된 사실적 명제가 아닌 개념으로 구성된 진화된 역사를 가지고 있다.

변증법적 논리학

○○○

역사란 항상, 현실에 대한 정확한 묘사라고 주장하는 서로 다른 역동적 개념들 간의 투쟁이다. 어떤 개념이나 주장은 자동적으로 그 반대나 반대되는 것을 낳을 것이고, 결국 더 높고 더 진실한 통합이 이루어질 때까지 그들 사이의 투쟁은 계속될 것이다.

이것은 인간의 정신과 문명에 관한 진화적이고 종교적인 설명으로, 두 가지 모두 '절대 정신'과 동시에 사회적 조화가 이뤄질 때까지 여러 단계를 거친다. 헤겔은 역사 연구가 결국 신의 마음과 같은 것을 드러낼 것이라고 생각했다.

이 새로운 개념은 결국 차례로 반대개념을 만들어낼 것이다. 따라서 그 과정은 결국 '절대적인 관념'에 도달할 때까지 무한정 계속될 것이다.

THESIS 정
ANTITHESIS 반
SYNTHESIS 합

인간의 의식과 지식

○○○

헤겔의 형이상학이란 사상 그 자체의 본질에 관한 것이다. 헤겔은 철학이 매우 편협하게도 지식에 대해 고립되고 기술적 질문에 초점을 맞추고 있다고 생각했다. 그래서 지식을 생산하는 인간의 사고와 문화의 역사적 과정을 더욱 주의 깊게 살펴볼 필요가 있다고 생각했다. 그는 칸트와 같이 '이상주의자'였기 때문에, 우리가 감각을 통해 세상을 직접 경험하지 않고, 항상 의식에 의한 여과나 중재가 수반되는 방식으로 세상을 경험한다는 의견에 동의했다. 여기서 헤겔은 한층 더 나아갔다.

인간의 의식 자체는 고정된 것이 아니라 끊임없이 새로운 범주와 개념을 변화시키고 개발한다. 이것이 우리가 세상을 경험하는 방법을 결정하므로 지식은 항상 상황에 따라 달라지며, 일련의 상반된 입장들이 이뤄낸 결과물이다.

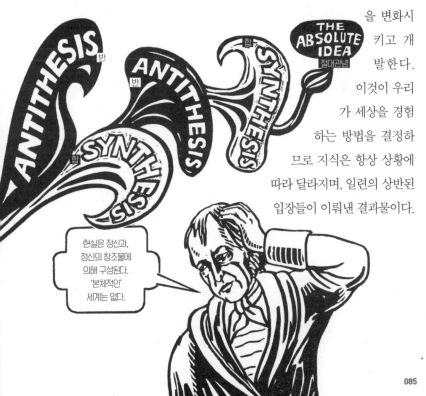

현실은 정신과, 정신의 창조물에 의해 구성된다. '본체적인' 세계는 없다.

상대적 지식과 절대적 지식

○○○

'주관적인 것'과 반대되는 '객관적인 것'에 대한 철학적인 설명들은 전적으로 오해의 소지가 있다. 사상은 본질적으로 항상 변하기 때문에, 철학자들은 '완벽한 철학적 진실'과 같은 것은 결코 만들어낼 수 없다. 지식은 역동적인 문화적·역사적 과정에서 만들어지는 것이며, 발견되기를 기다리는 시대를 초월한 산물이 아니다.

헤겔이 끊임없이 변화하는 변증법 속에는 객관적으로 안정된 사실이나 진실은 있을 수 없다고 강조할 때, 이는 포스트모더니즘 예언자처럼 들리게 하는 말이다. 하지만 그는 항상 변하는 변증법적 과정이 인간이 '무엇이 무엇인지에 대해 진정한 지식'에 도달하는 마지막 단계에서 절정에 이르러야 한다고 믿었다.

그는 또한 개인의 의식과 개인의 자유에 대해 새롭고도 심오한 생각을 갖고 있었다.

동양, 페르시아, 그리스, 로마, 중세 사회는 진정한 개인의 자유에 심각한 제한을 두었다. 그는 개신교도 사회인 독일은 개인과 사회의 긍정적인 상호작용을 통해, 개인의 개성과 자유가 달성된 상황에 도달했다고 여겼다.

> 개인의 자유는 여전히 불가피하게 사회화된 존재의 자유다. 개인의 자유는 일련의 진보에 관한 이야기이다.

국가와 역사의 종말

o o o

헤겔은 자신의 나라인 독재적 프러시아를
최종진화 단계에 이른 일종의 '초인'으로 보
았다. 그와 동료 시민들은 더 큰 유기체의 작
은 부분일 뿐이었고, 그것으로부터 자신들
의 정체성과 도덕적 지위를 얻었다.

헤겔은 '역사의 종말'을 예측할 수 있는
절대적인 지식의 관점을 만
들어냄으로써 칸트의 작업
을 완성했다고
진심으로 믿었
다. 결정론적 그
의 변증법적 과
정은, 모든 현실
과 인간의 이성

현실은
합리적이야.

을 이끄는 '정신'이 마침내 밝혀질 때 끝날 것이다. 하지만 거대하고 무
자비한 역사적 폭력들 사이에서 끊임없이 갈등해야 하기 때문에, 거기
에 도달하는 과정은 무척 어려워 보인다.

의심할 여지없이 유럽에 《정신현상학(Phenomenology of Spirit)》이 처음
출판된 1807년 이후 많은 일들이 있었다. 이제 인류의 역사가 헤겔적이
든 또는 다른 어떤 종류이든, 예측 가능한 '운명'이나 궁극적인 목적을
가지고 있다는 주장은 의심스러운 것이 되었다.

쇼펜하우어의 의지 개념

o o o

헤겔의 방법과 신조에 적대적인 독일 철학자가 바로 아르투르 쇼펜하우어(Arthur Schopenhauer, 1788~1860)였다. 그는 헤겔이 주장하는 인류 역사에 대한 해피엔딩의 믿음이 '어리석고 서투른 사기꾼'처럼 횡설수설하는 것이라고 비난했다. 확신에 찬 또 다른 이상주의자인 쇼펜하우어는, 인간은 현상 세계에서만 살 수 있다는 칸트의 의견에 동의했다. 그러나 쇼펜하우어에게 있어 현상 세계는 언제나 의지가 지배하는 환상의 세계다. 의지는 인간을 포함한 모든 생명체를 지휘한다.

의지란 전적으로 행동적이고, 모든 살아 있는 것들이 짝짓기를 하고, 번식하고, 죽도록 강요하는 일종의 충동이지.

인간은 자신의 개인적인 삶이 일종의 고결한 의미를 갖고 있다고 믿는 것을 좋아하지만, 그들의 삶에는 새로운 욕망을 충족시키고자 하는 충동 이상의 것은 없다. 그래서 필연적으로 서로 다른 개인들의 의지는 충돌할 수밖에 없고, 이것이 인간에게 고통을 낳는다.

이 다람쥐 쳇바퀴를 탈출할 수 있는 유일한 방법은 욕망에 종지부를 찍는 거다.

이를 실행할 수 있는 한 가지 방법은, 예술활동이나 사색에 빠지는 것이다. 또 다른 방법으로는 금욕적 극기의 삶을 사는 것이다. 쇼펜하우어는 불교에 영향을 받은 최초의 위대한 서양 철학자였다. 도외시되고 있는 그의 사상은, 작곡가 리하르트 바그너(Richard Wagner, 1813~83)나 독일의 철학자 니체 같은 인물들에게 큰 영향을 미쳤다.

니체 : 반그리스도

ㅇㅇㅇ

프리드리히 니체(Friedrich Nietzsche, 1844~1900)는 다른 많은 독일 철학자들과 마찬가지로 엄격한 루터교도로 자랐다. 하지만 기독교에 적대적이되었고, 그 어떤 종류의 '초월적'이거나 '실체적' 세계에 대한 신념도 완전히 배척했다.

그는 고전 언어학자로서 훈련을 받으며 수동적인 고통과 죄책감, 영겁의 지옥에 대해 열정을 가지고 있는 고대 그리스인들의 세계가 근대 기독교 세계보다 더 우월하다고 생각하게 되었다. 그리스인들은 열정이 넘치고 창조적이고 현명하게 운명을 받아들였고, 인간의 고통이 비극적이지만 고귀한 생명을 낳을 수 있다는 사실에 환호했다.

선과 악을 넘어

o o o

이전 대부분의 철학자들과 마찬가지로, 니체 역시 인간의 본성을 재정의하려고 시도했다. 그는 개개의 인간을 일반화하는 것은 잘못이라고 생각했다. 왜냐하면 그러한 일반화를 통해 인간을 '공통의 본성'으로 축소시키기 때문이다. 그는 현대의 자본주의와 기술 진보가 그저 평범한 '최종적인 인간'의 부르주아 세계를 만들 것이라고 예언했다.

유대교와 기독교 문화는 평범하고 나약한 사람들을 선호한다. 반면 초인은 '무리의 도덕성'을 거부하고 선과 악에 대한 전통적인 관념을 넘어, 좀 더 급진적이고 독창적인 '권력 의지'로 봐야 한다.

> 난 인간이 초인이나 슈퍼맨 같은 존재가 되길 바라.

초인에 대한 니체의 견해는 비록 계급이나 인종적 특성과는 상관이 없지만, 성별에 따라 다르게 본 것은 분명하다. 의심의 여지 없이 그는 성차별주의자였다. '권력 의지'라는 그의 철학은 나중에 나치의 반유대주의 교리 홍보를 위해 납치되어 버린다.

포스트모던 예측

000

니체의 급진적 회의론은 '이성'에 근거한 도덕적 사실이나 보편적인 도덕률을 받아들이지 않는다. 왜냐하면 이런 것들은 당대 사람들의 요구에 적합한 편견이기 때문이다. 모든 개념 지식은 당대의 이념과 분류 체계에 의해 결정되는 일반화에 기반을 두고 있는데, 이는 필연적으로 개성과 독창성을 무시할 수밖에 없다. 영원한 '진리'에 대한 대부분의 주장들은 결국, 역사가 진행됨에 따라 변하는 일시적으로 유용한 신념에 지나지 않는다.

니체는 포스트모더니즘을 예언한다. 언어의 함정으로 신앙을 해체하는 첫 번째 사례로 비트겐슈타인과 데리다를 예로 들 수 있다. "우리는 문법을 없애기 전까지는 결코 신을 제거하지 못할 것이다." 푸코의 지식 역사는 니체의 계보학과 권력 의지 사상에 크게 힘입었다.

진실은 도덕성과 마찬가지로 상대적인 문제이지. 사실은 없고 해석만 있을 뿐이야.

영겁회귀(영원한 반복)

000

니체는 또 소크라테스 이전의 사상가인 헤라클레이토스가 제안한 사상인 영겁회귀의 '즐거운 과학'을 주장했다. 이 사상은 시간은 순환적이고 몇 번이고 반복된다는 것이다. 이는 칸트의 도덕적 의무와, 욕망을 고통의 원인으로 보는 쇼펜하우어의 음울한 관점에 대한 니체의 신랄한 비판이었다. 영겁회귀는 자신의 삶의 가치를 판단하는 데 있어 기준이 된다.

이런 식으로 해서, 삶은 기독교에서처럼 '종말'로 판단되는 것이 아니라, 지금 이 순간을 긍정적으로 선택하는 것이다. 실존의 가치를 확실하게 하는 것이 현재의 선택이라는 니체의 사상은 실존주의 철학의 선구자로 이끈다.

> 만약 당신이 정말로 좋은 삶을 살고 있다면, 그것을 반복하고 반복한다면 기쁘지 않겠소?

키에르케고르의 기독교 실존주의

° ° °

덴마크의 철학자 쇠렌 키에르케고르(Søren Kierkegaard, 1813~55)는 종교적 신념과 도덕이 이성에 기초할 수 있다는 칸트의 견해에 동의하지 않았다. 그에게 있어 믿음은 완전히 비이성적이고 전혀 증명할 수 없는 것이었다. 그는 또한 사람들을 삼켜버릴 것 같은 헤겔적 '두 가지 다' 변증법적 접근과정들에 반대했고, 그들이 개별적으로 '두 가지 중 하나(이것이든 저것이든)' 결정을 내려야 하는 현실을 무시한 것으로 봤다.

키에르케고르의 주된 관심사는 실존에 관한 문제였다. 그래서 그의 철학은 실존주의 철학을 이끈 것으로 일컬어진다. 대부분의 사람들은 보통 자신의 삶의 의미에 대해 질문하지 않고, 일종의 익명적인 일상으로의 탈출을 선호한다. 키에르케고르에게 이것은 충분하지 않았다.

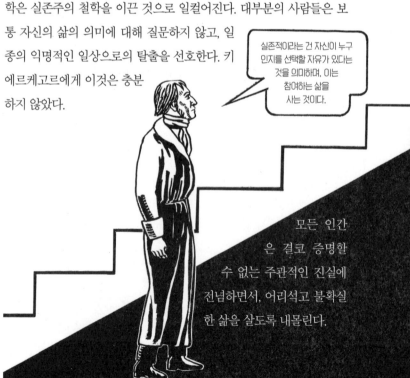

실존적이라는 건 자신이 누구인지를 선택할 자유가 있다는 것을 의미하며, 이는 참여하는 삶을 사는 것이다.

모든 인간은 결코 증명할 수 없는 주관적인 진실에 전념하면서, 어리석고 불확실한 삶을 살도록 내몰린다.

믿음의 도약

000

키에르케고르에게 기독교의 신념도 본질적으로는 알 수 없는 것이었다. 이 때문에 실존적인 삶은 '믿음의 도약'을 통해 헌신적인 기독교인이 되는 것을 의미했다. 그는 우리가 도덕적인 삶, 심미적 삶 또는 종교적인 삶을 영위하는 것을 선택할 수 있다고 결론지었다. 키에르케고르는 마지막 선택을 했다.

이것은 내가 신과 개인적으로 맺은 언약으로 '두려움과 떨림'의 삶을 산다는 뜻이지.

사람들은 신에 대한 증거가 없다는 '객관적 불확실성'을 앞에 두고 기독교인이 된다. 이는 키에르케고르가 자신의 루터교 공동체에서 맹렬히 비판했던 '공공 기독교국'을 말하는 게 아니다. 그의 믿음은 역설적이고 유희적이고 열정적이었고, 그는 메마른 추상 철학에 맞서 싸우면서 소설가처럼 가명으로 많은 글을 썼다.

관념론에서 물질주의로

○ ○ ○

독일의 관념철학은 80여 년 동안, 비록 사상의 본질과 인간의 지식에 대한 분분한 의견에 불구하고, 세상은 관념으로 구성된다는 관점을 유지했다. 루드비히 포이어바흐(Ludwig Feuerbach, 1804~72)는 헤겔의 소외 개념에 새로운 반전을 부여한 변화의 핵심 인물이었다. 헤겔에 따르면, 의식은 그 자체 내에서 모순된 차이를 포착한 뒤, 이 모순이나 자기소외를 극복하기 위해 추가적인 통찰력을 발휘함으로써 앞으로 나아간다. 그래서 만약 그것이 정신의 발전 방식이라면, 포이어바흐의 관점에서 볼 때 종교의 오류는 명백해진다.

이후 그는 종교적인 환상을 가진 '좌파적 헤겔주의자'라는 비판으로부터 '당신이 먹는 것은 당신'이라는 급진적 물질주의로 옮겨간다. 물질적 욕구가 우선이고 관념은 부차적이라는 것이다. 포이어바흐의 헤겔 철학과 물질주의의 결혼은 칼 마르크스에게 길을 열어준다.

마르크스의 변증법적 유물론

ooo

칼 마르크스(Karl Marx, 1818~83)는 젊은 '좌파적 헤겔주의'로 출발했지만, 새로운 변증법적 역사 유물론의 모델을 개발했다. 그의 철학은 독일의 관념론, 영국의 정치경제학, 프랑스의 사회주의가 독창적으로 혼합된 것이다.

헤겔의 변증법은 인간의 역사를, 인간의 자유를 증진하여 프로이센의 절대적 자유로 절정에 이르는 진보적인 이야기로 만들었다. 마르크스에게 있어 헤겔의 '거꾸로 서는 것'은 '의식이 삶을 결정하는 것이 아니라 삶이 의식을 결정'하는 것이었다. 관념은 현실을 만들지 못하고 만들 수 없다. 그러나 경제적 현실은 사람들의 생각하는 방식을 결정할 수 있다.

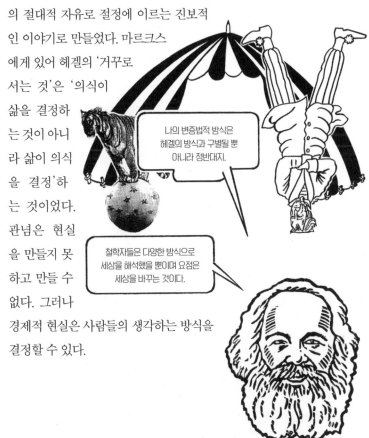

나의 변증법적 방식은 헤겔의 방식과 구별될 뿐 아니라 정반대지.

철학자들은 다양한 방식으로 세상을 해석했을 뿐이며 요점은 세상을 바꾸는 것이다.

마르크스에게 역사는 헤겔적인 추상적 관념 사이에 전개되는 것이 아니라, 너무도 실제적인 계급과 경제적 권력 사이에서 끊임없이 전개되는 변증법적인 투쟁의 이야기다. 마르크스의 철학이 때로는 변증법적 유물론이라고 불리는 이유도 이 때문이다. 이러한 역사적 투쟁은 처음에는 노예와 주인 사이에 있었고, 그 다음은 농노와 봉건 지주 사이에 있었다.

현대 사회에서 경제적 투쟁은 자본과 생산수단의 소유자인 부르주아 계급과, 노동력을 파는 산업계 도시 노동자인 프롤레타리아 사이에서 벌어진다. 이 변증법적 투쟁에 따르면, 불가피하게 노동자들의 국제적인 혁명으로 끝나며 모든 인간은 사회와 역사를 변화시키게 된다.

경제철학

○○○

마르크스는 종교와 철학을 포함한 모든 인간의 신념과 활동이 항상 궁극적으로 물질적 힘에 의해 만들어졌다고 주장한 경제결정론자였다. 경제적 관계와 생산력 시스템의 모든 경제적 기반은, 법률적·정치적·문화적 제도의 상부구조를 결정하고 주도하게 될 것이다. 이들 각 제도의 주된 역할은 '각 시대의 지배적 사상이 지배 계급의 사상'이 되도록 은밀하게 이념을 전파하는 데 있다. 이는 자본가와 그들의 피해자들을 포함해 사실상 모든 사람이 '가공된 의식'에 시달린다는 것을 의미하며, 한 계급에 의해 다른 계급이 착취당하고 있다는 사실을 인식하지 못하게 하는 것이다.

잉여가치

○○○

경제학자 데이비드 리카르도(David Ricardo, 1772~1823)가 제시한 노동가치론은 다음과 같이 주장한다. 상품은 투입된 노동시간으로부터 가치를 얻는다. 마르크스는 더 나아갔다. 그에게 이것은 자본 소유자들이 노동자들이 생산하는 모든 것의 여분의 노동시간, 잉여가치를 훔침으로써 노동자들의 노동력을 착취한다는 것을 의미했다.

노동자들이 진정한 부를 생산한다. 하지만 그들은 자신들이 생산하는 것들로부터 소외되어 있다. 즉 노동자들은 그것이 정말로 자신들 소유라는 것을 알지 못한다. "다수의 노동이 특권을 가진 소수의 자본으로 변한다."

노동자는 자신의 임금, 그가 사용하는 기계, 작업하는 건물에 대해, 충분히 지불할 수 있을 만큼의 물품을 생산할 것이다.

노동자는 자신이 필요한 것보다 더 많은 시간을 일하지만, 남은 것을 자본주의 고용주가 가져간다.

자본주의의 종말

000

또 다른 경제학자인 애덤 스미스(Adam Smith, 1723~90) 덕분에 대부분의 19세기 유럽인들은 자본주의가 불가피하거나, 심지어 신이 내린 것이라고 여기게 되었다. 마르크스는 경제학에 대한 자신의 과학적 접근방법이, 자본주의 체제의 최종적 파멸을 정확히 예측할 수 있다고 생각했다. 부는 소수의 손에 집중되고 인구의 대다수는 빈곤에 빠질 것이다.

그러면 혁명이 일어나고 모든 사람이 자신의 능력에 따라 주고 필요에 따라 받는 공산주의 사회가 발생할 것이다.

과잉생산 위기가 닥칠 것이고 자본주의는 틀림없이 붕괴해.

예언자 마르크스

○○○

마르크스는 항상 자신은 '마르크스주의자'가 아니라고 주장했다. 비록 그는 자신의 사상을 매우 진지하게 받아들였지만, 일부 제자들에게 절대적인 선지자로 간주되는 것을 항상 기뻐하지는 않았다. 오늘날의 경제학자들은 자신의 학문이, 신뢰할 수 있는 예측 정확성을 가진 '과학'으로 여겨질 거라는 확신이 덜하다.

자본주의는 놀라울 정도의 회복력을 보여주지.

마르크스의 많은 예언들도 지금 보니 틀린 것 같다.

한편 대부분의 현대 공산주의 사회는, 명백히 마르크스주의 원칙에 기반하여 수립되었지만 경제적·도덕적으로 재앙을 겪고 있어.

마르크스의 철학은 한 사회의 경제 기반이 어떻게 그 사회의 정치문화적 상부구조를 초래하는지에 대해 명확하지가 않다. '프랑크푸르트 학파'의 헤르베르트 마르쿠제(Herbert Marcuse, 1898~1979)와 같은 마르크스주의자들도 결국은 '상부구조'가 실제로 자신의 삶을 거머쥐고 있다고 믿게 되었다.

스탈린

관념은 인간의 사상과 역사를 결정하는 데 있어서 경제학만큼이나 중요할 수 있는데, 이는 결국 헤겔이 옳을 수도 있다는 것을 의미한다. '마르크스주의 이후'의 철학자들과 운동가들 중에는 안토니오 그람시(Antonio Gramsci, 1891~1937)가 있다. 그는 사람들이 그들 사회와 정치계의 이데올로기적인 구성물을 '자연스러운 것'으로 받아들이게 될 것이라고 주장했다.

후기 구조주의자인 롤랑 바르트(Roland Barthes, 1915~80)는 이후, 이 '자연화' 과정이 어떻게 작용하는지 보여준다.

즉, 사람들에게 자신의 억압에 대해 묵인하도록 정부가 설득하는 것이 상대적으로 쉽다는 걸 의미하지.

지배적 담론은 강력하고 설득력 있는 신화를 구성하고, 사회적·문화적 현실을 형성하는 정교한 신호체계로 구성되지.

공리주의 : 도덕과학

● ● ●

마르크스가 대영박물관 도서관에서 글을 쓰고 있을 때, 공리주의라고 하는 아주 다른 종류의 무신론적이고 물질주의 철학이 영국에 뿌리를 내리고 있었다. 공리주의는 제러미 벤담(Jeremy Bentham, 1748~1832)에 의해 설립되었고, 이후 존 스튜어트 밀(John Stuart Mill, 1806~73)에 의해 다듬어졌다. 마르크스와는 달리 두 영국인 철학자는 자본주의에 본질적으로 아무런 문제가 없다고 생각했다. 즉 자본주의는 필연적일 뿐 아니라 좋은 것이었다. 벤담은 도덕과 법률의 관계에 관심이 많은 별난 변호사였다.

그래서 그는 인간 본성에 대한 '과학적' 정의에 기초해 자신만의 새로운 윤리적·정치적 체계를 제안했다.

영국의 법률 체계는 역사적 편견과 종교적 미신이라는 비과학적 혼란을 기반으로 확립되었지. 그런 법률체계는 말도 안 되는 헛소리야.

모든 인간은 고통과 즐거움을 느끼는 유기체이다. 그러므로 도덕적·정치적 철학은 즐거움을 배가시키고 고통의 최소화를 추구해야 한다. 그리고 그것은 민주적이어야 한다.

그래서 선택된 정부의 임무는 최대 다수의 최대 행복을 보장하는 것이지.

벤담은 진정으로 '행복'이 정량화되고 과학적으로 측정되어 도덕적·정치적 문제를 '해결'할 수 있다고 믿었다. 그는 이를 '즐거움을 주는(행복하게 하는) 미적분학'이라고 불렀다. 그는 또한 자본주의 체제가 많은 양의 물질적 행복을 생산하는 데 있어 가장 적합하다고 생각했다.

공공 행복

000

포퓰리즘(대중의 견해와 바람을 대변한다고 주장하는 정치 형태)적이고, 민주적인 정부의 우선시하는 방법으로 공리주의는 분명 일리가 있다. 국민이 원하는 것을 주든지, 정부가 그들에게 좋다고 생각하는 것을 주든지 해야 한다. 이는 배수구를 만들고 학교와 병원을 짓는 것과 같이 빅토리아 시대의 공공적 이용이라는 관념을 장려했는데, 이러한 것들이 행복을 낳았기 때문이다. 벤담은 또한 정부는 일하는 것을 부끄럽게 여기는 가난한 사람들과 범죄 집단을, 중앙 감시탑에서 항상 감시하는 원형 교도소에 넣어 처벌해야 한다고 생각했다.

다수파와 다원주의의 횡포

000

존 스튜어트 밀은 벤담의 원래 교리를 수정하려고 했다. 그는 공리주의는 자연스럽게 '다수에 의한 폭정'으로 이어질 것이라며 우려했다. 대다수가 집시나 뉴에이지 여행자와 같은 소수 집단에게 가혹한 조치를 취할 때만 행복할 것이라고 믿는다면, 이는 정부가 해야 할 의무라는 것이다. 공리주의는 개인의 인권을 설득력 있게 규정하지 않는다. 또한 어떤 종류의 중앙기관이 행복을 분배해야 하기 때문에, 중앙정부와 그 관료기관들은 엄청나게 강력해진다.

이 문제를 고민하던 밀은 《자유론(On Liberty)》(1859)에서 소수자의 사상과 생활방식이 다른 사람들에게 해를 끼치지 않는다면 관용을 베풀어야 한다고 주장했다.

밀은 또한 벤담의 공리주의의 근간이 다소 어리석은 것임을 인식한 것 같다. 개인이 자신의 행복을 추구하도록 생물학적으로 설정되어 있다 해도, 공리주의는 다른 사람의 행복을 위해 개인들에게 어떤 인센티브를 제공할 수 있는 것이다.

다원주의 사회는 부분적으로는 '진리'가 결국 거짓을 극복하는 장을 제공하는 건강한 사회이지. 도덕성엔 다수결의 원칙보다 더 많은 것들이 있어.

미국 철학의 기원

° ° °

미국은 유럽의 발명품인데, 미국의 헌법이 부분적으로 계몽주의 철학의 원리에 기초하고 있기 때문이다. 독립전쟁(1774~81) 후, 소위 미국의 '건국의 아버지들'은 정치적 미래를 어떻게 할지 결정해야 했다. 그래서 중앙정부의 역할과 권력의 정도에 대해 많은 논쟁이 있었다.

놀랍게도 많은 수의 미국 정치인들은 실제로 민주주의 제도를 의심하고 있었다. 그러나 토머스 제퍼슨(Thomas Jefferson, 1743~1826)과 벤자민 프랭클린(Benjamin Franklin, 1706~90) 같은 사람들은 유럽의 새로운 정치철학사상을 매우 진지하게 받아들였고, 결국 그들의 견해는 승리했다. 미국은 민주공화국이 되었다.

최고의 정부란 없다

○○○

자유와 행복이 정부의 간섭이 없을 때, 가장 잘 성취된다고 생각한 한 초기 미국 철학자는 헨리 데이비드 소로(Henry David Thoreau, 1817~62)이다. 소로는 2년 2개월 2일 동안 사회를 포기한 적이 있었다. 매사추세츠 연못가의 허름한 오두막에서 살기로 결심하고 그곳에서 《월든(Walden)》(1854)을

우리의 삶은 세세한 것들로 산산조각이 나고 있어. 오직 단순성!

썼다. 그곳은 조용한 자연 환경과의 유대감을 즐기고 간소한 생활이 가능한 장소였다.

1846년 어느 날, 소로는 오두막을 떠나 신발을 수선하기 위해 마을로 어슬렁어슬렁 들어갔다. 불행히도 마을 보안관이 그를 보고 다가와 인두세를 내야 한다고 했다. 소로는 자신의 세금이 멕시코와의 전쟁에 쓰이고 노예제도를 강화하는 데 쓰일 것이라고 믿었기 때문에, 지불을 거부하고 하룻밤 동안 감옥에 들어갔다. 그 결과, 그는 심오하고 낭만적이며 무정부주의적 시민 불복종에 관한 작품을 쓸 수 있었다.

불복종의 고귀한 전통은 오늘날까지 이어지고 있다. 노암 촘스키(Noam Chompsky, 1928~)와 같은 훌륭한 미국인들은, 여전히 국가 권위보다는 개인의 양심을 우선적으로 믿으며, 현재는 미국의 외교정책을 크게 좌우하는 대기업이나 정부기관에 대해서는 현명하게도 의심을 품고 있다. 비트족이나 히피라는 대안은 소로의 무정부주의적 일탈에까지 소급될 수 있다.

내 작품은 '소극적 저항'을 사악한 정부에 대한 저항의 수단으로 추천하고 있지.

나는 그 '소극적 저항'을 사용해 마침내 인도에서 대영제국을 물리쳤지.

에머슨 : 그 이상의 지식

○○○

소로는 장엄한 시골의 고립된 생활 속에서, 살아가는 개인의 양심에 대한 생각을 더 이상 발전시키지 않았다. 그 대신 초월주의로 알려진 독특한 미국의 문학적 철학운동의 일부가 되었다. 철학이 '초월적인 것'이라고 분류될 경우, 그 이유는 철학이 대개 고차적이고 진지한 지식에 대해 형이상학적 주장을 하기 때문이다. 즉 그것은 평범한 인간의 감각 경험을 뛰어넘는 이성이나 직관을 통해서만 도달할 수 있다는 것이다.

플라톤의 '형상'과 신의 본성에 대한 중세의 신학적 추측이 좋은 예가 될 것이다. 칸트에게 있어 그러한 초월적 지식은 모든 인간의 경험을 가능하게 하는 범주, 직관에 대한 일종의 초월적 지식을 추론할 수 있게 했지만, 쉽게 도달할 수 있는 것은 아니었다.

랄프 왈도 에머슨 (Ralph Waldo Emerson, 1803~82)의 초월주의는 플라톤주의, 칸트주의, 힌두교, 독일 이상주의, 영국의 낭만주의를 독특하고 다소 기묘하게 혼합한 것이다. 이는 국가의 권위와 체계화된 종교보다 신비롭고 심오한 직관과 개인의 양심에 우선순위를 두고 강조한다.

결국 최후의 신성함은 마음의 고결함 밖에는 없지.

에머슨과 소로 같은 초월주의자들은 자연계의 아름다움에 대해 범신론적 견해를 갖고 있었다. 이는 지구상의 모든 사물에 존재하는 신성함(사실상 다소 내재주의 철학적 견해) 때문에 아름다움이 존재한다는 견해이다. 에머슨은 인간의 삶의 근본적인 목적이 스피노자의 일원적 물질이나, 헤겔의 '정신'과 다소 유사한 무정형의 실체인 '초영혼'과의 궁극적인 결합이라고 주장했다. 초월주의는 많은 다른 유럽(및 동양)의 철학적·문학적 전통으로부터 만들어진 기묘한 파생적 혼합물이기 때문에, 그의 철학은 철학적 현실이라기보다 흥미로운 사회적·문화적 현상으로 간주된다.

말년에 에머슨은 노예 폐지운동에 적극적으로 참여했으며, 북부 전역에서 노예제도에 반대하는 많은 연설을 했다. 미국 문화와 정치에 미친 두 사람의 긍정적인 영향은 엄청나다. "남자가 될 거라면 순응하지 말아야 해."

소로와 나는 둘 다 점점 더 물질주의적이고, 도시화와 산업화되어 가는 미국을 비판하고 있지.

실용주의

000

그러나 가장 중요하고 진정으로 독립적인 미국 철학은 실용주의다. 찰스 샌더스 퍼스(Charles Sanders Peirce, 1839~1914)와 윌리엄 제임스(William James, 1842~1910)는 둘 다 급진적 경험주의자여서, 초월주의가 허용하는 형이상학적 주장에 다소 적대적이었다.

실용주의는 지식에 대해 전통적인 합리주의와 경험주의의 철학적 관점을 일종의 사적이고 정신적인 경험이라고 보면서 받아들이지 않았다. 이는 인간의 지식은 차라리 문제를 해결하는 능력을 통해서 환경에 적응하는 대응력을 더 갖추기 위해 필요하다는 제안이었다.

아이디어는 강력하게 주장할 수 있지만, 그것이 일상생활에 변화를 가져오지 않는다면 중요하거나 '진실'한 것으로 볼 수 없어.

인간의 이론은 유용한 '현금 가치'를 가질 때만 의미가 있지.

그래서 초월주의적 신비주의조차도 19세기의 미국인들이 삶을 이해하는 데 도움이 되었다면 '유용'하다고 할 수 있어.

퍼스

가장 심오하고 독창적인 실용주의자는 의심할 여지없이 찰스 샌더스 퍼스다. 그는 최근에야 20세기 철학을 위해 홀로 토대를 마련했다는 공로를 인정받고 있다. 그 역시 소로처럼 점잖은 미국 사회에 잘 적응하지 못했다. 그는 생전에 책을 출판하지 않았고 대부분은 인생을 은둔자로 살다가 가난 속에서 생을 마감했다. 초창기에 그는 실천적 물리학자였으며 지구물리학에서 중요한 발견을 일궈냈다. 또한 그는 형식논리와 과학철학에 큰 기여를 했다. 그의 급진적 경험주의 철학은 우리가 알게 될 논리실증주의자들의 견해를 예상하고 있다.

그는 인간의 모든 과학 지식이 항상 일시적인 것이라고 인식했기 때문에, 스스로를 '실수가능성을 인정하는 자'로 불렀다. 그래서 그는 칼 포퍼(Karl Popper, 1902~1994)와 같은 '반증주의'를 예상했다.

> 철학에 '현실'의 본질을 확립할 수 있는 '궁극적인 진실'은 없어. 그들이 만들어낸 개별적인 아이디어는 항상 효과적인지 시험되어야 해.

기호학

○○○

더 중요한 것은 그가 20세기 구조주의와 포스트모더니즘의 발전에 중요한 학문인 기호학(표지이론)의 탄생에 결정적으로 기여했다는 점이다. 퍼스는 기호를 자연적인 것(구름은 비를, 반점은 홍역을 나타냄), 상징적인 것(냉동 완두콩 봉지 위에 그려진 완두콩 그림과 비슷한 표시), 혹은 관습적인 것(서구사회에서 붉은색이 위험의 징조인 것처럼, 기호가 발명된 곳에서는 관습적이거나 동의한 결과)으로 분류했다. 퍼스는 이 가운데 마지막의 것을 '상징'이라고 불렀다. 단어와 언어는 이러한 상징으로 구성된다.

자연적·아이콘(징표) 기호는 보통 그들이 언급하는 징후를 나타낸다. 그러나 단어와 같은 상징은 전혀 그렇지 않다. '코끼리'라는 상징이 들어간 책을 읽으면서, 우리 집에 어떤 코끼리가 있을까를 유추하는 일은 거의 없다. 그래서 퍼스는 단어들이 여전히 의미를 생성해내는 '임의적' 상징이라는 사실에 매우 가까이 다가갔다. 이 발견의 결과는 우리가 이 책의 마지막 장에서 보게 되는데 철학에 있어 극히 의미심장한 것이다.

그것들은 단지 그렇게 사용되거나 이해되었다는 사실만으로 구성되기 때문에 매우 독특하고 특이하지.

115

윌리엄 제임스

○○○

윌리엄 제임스(William James, 1842~1910)는 퍼스 실용주의에 큰 영향을 받았다. 그는 생각이 추상적인 형이상학적 실체가 아니라 경험을 예측하는 능력과 같은 실용적인 수단으로 봐야 한다는 주장에 동의했다. 그의《심리학의 원리(The Principles of Psychology)》(1890)는 인간의 마음을 주제로 하여 심리학이 실험적 자연과학 중 하나와 더 비슷해야 한다고 주장한 최초의 교과서였다. 제임스는 의식의 물리적 기호와 의식의 생물학적 기능에 관심이 있었는데, 그는 이런 생물학적 기능을 다윈의 용어로 설명했다.

제임스의 심리학은 종종 기능주의로도 일컬어진다. 그가 의식에 관한 기능주의의 중요한 양상이라고 보았던 것은 의식이 무엇을 하는가와 의식이 만들어내는 차이다. 또한 제임스는 의식이 분리된 관념의 계열이 아니라 일련의 연속적인 흐름으로 존재한다는 것을 인정했다. 이는 20세기의 소설과 후설(Edmund, 1859~1938)의 현상학에 모두 영향을 미친 통찰력이었다. 그는 자신이 직접 행하기도 한, 우울증 치료를 위해 자유의지를 발휘하는 것이 가능하다고 생각했다.

그는 종교적 믿음이 많은 개인들의 삶에 의미를 부여한다는 것을 알아차렸고, 말년에는 신비주의 현상을 연구한《종교적 경험의 다양성(The Varieties of Religious Experience)》(1902)을 남겼다. 마침내 그는 신은 존재하지만 유한하다는 것을 믿게 되었고, 이는 오히려 인간이 어떻게, 그리고 왜 신으로부터 자유롭고, 또 분리되어 있는지, 왜 세상에 악이 존재하는지, 그 이유를 명쾌하게 설명했다.

> 인간의 진화는 우리가 생존할 수 있도록 의식과 환경이 서로에게 영향을 미치는 상호작용하는 과정이다.

존 듀이

○○○

존 듀이(John Dewey, 1859~1952)는 체계적 실용주의자 또는 '도구주의자'로서, '철학'은 진정으로 비판적 지성이어야 하고, 인간의 문제에 대해 '과학적' 접근방식을 유지해야 한다고 믿었다. 듀이와 같은 실용주의자들은 과학의 성공과 탐구방법에 무척 열광했다. 그는 철학이 윤리, 예술, 교육, 그리고 새롭게 부상하는 사회과학에 관한 모든 종류의 지식에 기여함으로써, 미국 민주주의를 창조하는 데 중요한 역할을 할 수 있다고 확신했다.

퍼스와 마찬가지로 듀이 역시 이론적으로 '오류가능성을 인정한 자'였다. 하지만 여전히 인간의 문제에 있어서 실제적인 진보의 가능성을 확고히 믿는 사람이었다. 사회는 구성원들이 지적이고 융통성 있게 교육되어야 발전할 수 있다.

그는 시카고 대학에서 자신의 연구실과 학교에서, 아이들에게 가설을 만들고 시험하게 함으로써 문제를 해결하도록 장려했다. 듀이는 예술이 독특한 '문제'에 대해 상상력 있는 '해결책' 만들어내도록 자극하기 때문에, 예술은 장려되어야 한다고 생각했다.

나는 교육론자들이 더 이상 어린이를 정보로 가득 채워야 하는 수동적이고 텅 비어 있는 병으로 생각하지 말 것을 제안한다.

하지만 독자적인 사고방식을 가진 문제 해결사로서 계속 도전해야 해.

민주주의

○○○

듀이는 매우 실용적인 이유로 민주주의를 인정했다. 민주주의 사회는 유연하고, 독단적인 것을 피하고, 변화에 대처할 수 있기 때문에 가장 좋다고 했다. 이는 듀이가 유용한 통계를 내는 능력을 갖고 있었기 때문에, 사회학이라는 새로운 학문에 관심을 갖고 있었다는 것을 의미하기도 한다. 그는 사회 문제는 추상적인 이론으로는 해결할 수 없다고 생각했다.

우리 모두가 그렇듯이 듀이는 그 시대의 산물이었다. '사회'에 대한 그의 비전은 다소 중산층과 소도시 미국인의 관점에 국한되며, 그의 관점은 점진주의적이다. 그래서 시위보다는 교육이 일반 미국인들의 삶을 개선할 것이라고 생각했다.

역사와 사회에 관한 진정한 이론은 없고 오직 사실에 근거한 분석만 있을 뿐이야.

신실용주의자들

000

전후 미국에서 실용주의는 결국 유럽의 분석철학과 현상학에 의해 약화 되었지만 이런 형식은 오래 지속되지는 않았다. 실용주의는 결코 사라 지지도 않았다. 미국 철학자들은 자신들이 다루는 문제는 여전히 실용 적이어야 한다고 믿었다. 그러나 그런 실용성이 정확히 무엇인지에 관 해서는 의견이 일치하지 않았다.

미국의 철학자 콰인(Willard Van Orman Quine, 1908~2000)은 분석철학의 중 심적 이론 중 일부가 부정확하다는 것을 아주 간단한 방법으로 보여주 었다. 그는 인간의 지식이 필연적으로 전체론적일 수밖에 없다고 주장 하였기 때문에 실용주의자로 불린다.

지식은 경험에 의해 항상 바뀔 수 있는 '매트릭스(모체)' 또는 신념의 통합체야. 심지어 수학과 논리에 대한 우리의 믿음조차 그런 것이지.

난 철학자들이 현실에 대해 의심의 여지가 없는 진실을 찾아내거나, 모든 인간의 지식에 대한 '토대'를 세울 수 있는 특별한 방법이 있다고 주장하는 철학에 대해 '근본적'인 의구심을 갖고 있어.

또 다른 미국 철학자 리처드 로티(Richard Rorty, 1931~2007)는 종종 '소박한 신실용주 의자'라는 칭호를 받는데, 그 이유는 부분적이지만 여 전히 철학이 실제 로 무엇을 위한 것 인지 묻고 있기 때문이다.

철학적 질문의 쇄도

000

현재 미국에는 적어도 1만 명의 학술 철학자들이 있다. 그들은 여전히 철학을 의식과 인공지능, 의료윤리, 인권, 수학, 인식론과 윤리적 상대주의, 논리 등의 '문제'를 다루는 실천적인 활동으로 생각하고 있다. 미국의 철학은 이 작은 책으로는 매우 불충분하게 요약할 수밖에 없는 거대하고 부지런한 기업체나 다름없다.

《정의론(A Theory of Justice)》의 존 롤스(John Rawls, 1921~2002)는 어떻게 하면 기발하고 허구적인 사회계약을 통해, 사회정의가 자유주의적 자본주의 민주주의와 조화를 이룰 수 있을지 보여주려고 했다.

솔 크립키(Saul Kripke, 1940~) 철학자들은 논리와 경험의 관계에 대해 생각하는 방식을 바꾸려고 노력해 왔다고 생각한다. 그는 물이 H_2O라는 우리의 지식은, 수학과 논리 지식만큼이나 '확실하다'고 주장한다.

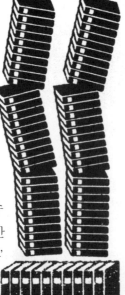

대니엘 데닛(Daniel Dennett, 1942~)은 토마스 나겔(Thomas Nagel, 1937~)이 〈박쥐가 되는 건 어떤가?〉라는 제목의 유명한 에세이에서 언급했던 것처럼, 인간 의식의 본질에 대해 급진적인 새로운 생각을 내놓았다.

존 서얼(John Searle, 1932~)은 언어 철학에 관한 글을 썼으며, 모든 열광적인 유물론적 정신이론에 비판적이다. 그는 숫자를 계산하는 컴퓨터가 '의미'를 납득할 수 없기 때문에, 항상 빠르긴 하지만 우리보다 더 멍청할 것이라고 주장했다.

신실용주의자인 리처드 맥케이 로티(Richard McKay Rorty, 1931~2007)는 철학이 방대한 일반 문명과의 대화에서 하나의 즐거운 목소리에 지나지 않으며, 그보다 더 나쁜 것은 철학이 연구자들에게 치료가 필요한 일종의 '질병'에 지나지 않는다며 혹평했다. 이러한 회의론적 견해는 당연히 사실일 수도 있지만, 현재 매년 발행되고 있는 미국의 새로운 철학 서적과 논문(약 4,000여 건) 들의 방대한 양을 막을 수 있을 것 같아 보이진 않는다.

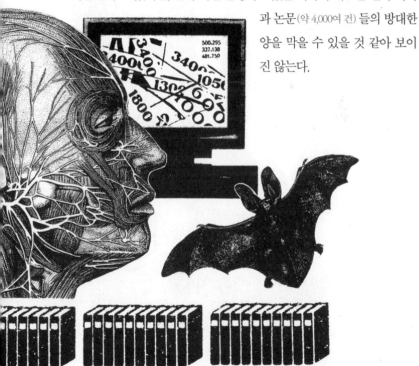

20세기 철학

○○○

니체는 철학 사상은 그 시대의 지배적인 믿음에 지나지 않는다고 말했다. 20세기 철학도 예외는 아니다. 하지만 철학자들은 현대 대중사회의 문제들, 개인의 정체성 상실, 불신, 상대적 불확실성과 같은 지배적인 주제를 다루는 데 있어 서로 다른 경향을 보여주고 있다. 철학자들의 초점은 인간의 의식, 의미, 논리의 복잡한 문제에 있어 더욱 전문화되고 있다. 지난 80년의 철학은 종종 '분석' 또는 '대륙철학'이었다고 분류되기도 한다.

대륙 철학은 데카르트, 칸트, 헤겔에 의해 확립된 전통을 다시 생각한다는 특징이 있을 것이다.

현상학의 기원

000

칸트는 형이상학에 대해 비판하면서, 어느 정도의 경험적 확실성을 가지고도 알 수 있는 모든 것은 감각 경험의 현상 세계, 또는 겉모습 상태일 뿐이지, 결코 '진짜'로 존재하는 사물의 본체적 세계는 아니라고 결론지었다. 여기서 질문을 하게 된다. "하지만 우리가 경험한다는 사실은 무엇을 의미하는가?" 현상학은 사물이 어떻게 의식 속에 나타나는지에 대한 분석에 초점을 맞추면서 그 질문에 답하려는 시도로 시작되었다. 철학자 겸 심리학자인 프란츠 브렌타노(Franz Brentano, 1838~1917)는 '서술적 또는 형상학적 심리학'을 제안했다.

브렌타노는 의도의 우선성을 주장했다. 즉 의식은 항상 '의도적인' 대상을 가지고 있고, 그것은 항상 무언가를 향하고 있다. 만약 내가 믿거나, 미워하거나, 본다면, 유령이나 기억처럼 실제로 존재하지 않더라도, 내가 믿거나, 미워하거나, 보는 대상은 항상 존재한다.

> 난 의식 속에서 무언가가 발현했을 때, 우리가 알 수 있는 것이 무엇인지 정확히 알고 싶어.

심리학과 수학의 연결

◦◦◦

현상학은 1879년 빌헬름 분트(Wilhelm Wundt, 1832~1920)에 의해 공식적으로 창시된 실험 심리학의 탄생과 직결된다. 그는 엄격한 규칙에 따라 자신의 정신 상태를 검사하는 자기성찰이 실험적인 방법이 될 수 있다고 처음으로 제안했다. 브렌타노 자신은 게슈탈트 심리학의 창시자인 크리스티안 폰 에렌펠스(Christian von Ehrenfels, 1859~1932)와 가까웠다. 수학은 원래 수학 철학자였던 에드문트 후설(Edmund Husserl, 1859~1938)이 중요한 연결고리를 제공했는데, 그는 브렌타노의 의도적 의식에 대한 관점을 채택했다. 그는 현상학을 의식의 내용에 대한 설명이라고 정의했다.

환원 방법

의식이라는 것이 무엇인지 정확히 알 수 있는 방법은 하나밖에 없는 것 같다. 이는 모든 형이상학적 이론의 산만함을 무시하고 일련의 '환원'을 실행하여, 의식의 내용과 그 본질적 특징인 '의도성'에만 집중하는 것이다. 후설은 이를 '판단중지' 또는 '보류'라고 불렀다.

> 비결은 '진실' 또는 '실재'에 대한 모든 질문을 중지하거나 '보류'함으로써, 고유하고 순수한 경험의 직접적으로 주어지는 내용만 유지되도록 하는 것이다.

문제는 후설이 인식한 바와 같이, 그러한 연습은 유아론(Solipsism)으로 이어질 것이라는 점이다. 유아론은 우리가 전적으로 확신할 수 있는 것은 우리 자신이라는 것이다. 그리고 그는 정체성은 결코 우리의 의식 속에 직접 존재하지 않기 때문에, 이것에 대해서조차도 의심했다.

하이데거 : 존재에 대한 탐색

○○○

현상학은 의식의 원초적 수준에 도달했다. 여기서 의문은 '사물 그 자체' 가 의식 속에서 인식되고 있는가, 아니면 세상은 오직 마음에만 있는 것 인가이다. 후설의 제자인 마르틴 하이데거(Martin Heidegger, 1889~1976)는 존 재가 무엇을 의미하는지라는 훨씬 더 근본적인 질문을 던짐으로써 질문 을 급진전시켰다. 하이데거는《존재와 시간(Being and Time)》(1927)에서 '기 초 존재론'으로 불리는 존재에 대한 이 질문은 실존하는 인간인 우리들 에게 결정적 관심을 부여한다고 주장했다.

후설이 말하는 의식의 정체성과 마찬가지로 '나는 생각함'으로써 '존 재'한다는 데카르트의 관념 역시도, '나는 이 세상에서 반드시 죽는다'는 제약에 의해 존재한다는 사실을 잊고 있다. 세상(존재자)의 '현존'은 '의 식이 있는 것'과 전혀 다르다. 인간다움은 세계 속에 실존하는 능력이다. 그러므로 이 세상은 거짓이나 진실하지 않은 것을 포함하여, 우리가 내린 선택으로 결정된다.

'있다(is)'란 무엇인가? 존재에 대한 이 기초적인 질문을 잊어버린다면, 우리는 세상에서 우리가 존재하는 방식을 시야에서 놓치게 된다.

무와 비본래성

000

하이데거는 이렇게 묻는다. "왜 무가 아닌 어떤 것이 존재하는가?" 우리는 아무 대상도 없는 불안, 즉 '아무것도 없는 것'에 직면하고 있는데, 그것은 우리 자신에게 다가오는 죽음이다. 그러나 우리가 살아 있는 동안, 세상에 있는 우리의 존재는 자유로운 선택행위에 의해 실현되어야 한다. 자유로운 선택만이 진정한 나임을 어느 정도 보장할 수 있다.

우리는 세상에 '던져져' 있으며, 대부분의 사람들에게 존재는 다른 사람들에 의해 일상적이고 평균적인 역할들이 우리에게 부과되고, '그들'에 의해 결정된다는 것을 의미한다.

그러나 대중사회, 전체주의 이념과 기술의 시대에 '자기 자신이 진정하다는 것'

> 우리가 떠맡은 역할은 우리의 소유가 아니기 때문에, 우리를 진짜가 아닌 것으로 만든다.

이 가능할까. 이러한 난해한 관점에 대해, 하이데거는 인간이 자신의 문화와 전통에 헌신할 필요가 있다고 결론지었다. 이는 히틀러와 나치즘을 지지했던 자신의 비참하고 정치적인 선택을 하게 한 입장으로써, 그는 결코 후회하지 않았던 것 같다. 그래서 그는 여전히 문제 있는 인물로 남아 있다.

사르트르와 실존주의

000

하이데거는 데카르트, 헤겔, 후설과 같은 대륙철학에 원천을 두고 있는 장 폴 사르트르(Jean-Paul Sartre, 1905~80)에 의해 주로 개발된 실존주의 철학과의 연관성을 부인했다.

사르트르의 《존재와 무(Being and Nothingness)》가 하이데거의 영향을 받은 것은 분명하지만, 결국 마르크스가 더 중요하다. 사르트르는 역시 '진짜'를 찾고 있었고, 그는 '관여'에 대한 키에르케고르의 믿음을 공유했다. 그러나 모든 것은, 의미나 목적 없이 우주를 '불합리한' 상태로 만드는 신은 없다는 결정적인 사실에 달려 있다. 인간은 어떤 신성한 계획이나 '본질'에 따라 '제조'되지 않기 때문에, '인간성'이라는 것도 신은 의도하지 않았다.

우리는 선택에 의해 '스스로 만들어졌고', 사르트르의 말처럼 '실존이 본질에 우선'한다는 것이다. 그런 연유로 실존주의라는 명칭이 붙었다.

따라서 우리 모두는 자유롭도록 저주받았고 우리가 누구인지 스스로 선택해야 해.

인간은 여자로 태어나지 않았어

자유와 불성실한 믿음

여러 면에서 사르트르의 실존주의는 지극히 데카르트적이다. 우리가 확신할 수 있는 것은 정신뿐이다. 그는 항상 인간 의식의 자유와 상상력을 의식하지 않아도 되는 종이칼과 같은 자유롭지 않은 대상과 대조적이다. 그러나 사르트르에게 있어서 '자기 자신'은 데카르트식의 자기성찰을 통해 발견할 수 있는 어떤 정적인 현상이 아니다. 그것은 우리가 책임져야 할 개인적인 목표다.

'불성실한 믿음'을 가진 사람들은 종종 사회적 역할('나는 웨이터고, 그게 바로 나야.')로 빠져들면서, 온갖 방법을 동원해 책임을 피하려 할 것이다. 그들은 사물처럼 되지만 그것 또한 자유의 현실을 확인해준다. 그렇다면 사르트르가 말한 것처럼 자유는 정말로 '전면적인' 것인가? 그리고 '책임'은 항상 나쁜 것인가?

아무도 "나는 천성적으로 게으른 사람이다."라고 말할 수 없어. 왜냐하면 그들은 나태함을 선택했기 때문이지. 이건 불성실한 믿음에서 벗어난 예야.

내가 누구인지 선택할 자유는 두려운 생각이야.

진정한 정치 생활

o o o

우리는 진정한 선택이 사르트르에게 왜 그토록 현실적인 문제였는지를 알 수 있다. 나치 점령군은 1941년에 파리에 입성했다. 모든 사람들은 단지 살아남을 것인지, 나치에 협력할 것인지, 아니면 싸울 것인지 결정해야 했다. 사르트르는 저항단체인 레지스탕스에 가담했다. 후에 그는 알제리의 독립을 지지했고 노벨상을 거부했다. 그는 항상 마르크스주의만이 현대 세계에 유효한 철학이라고 주장했다.

사르트르는 '유명한 실존 주의 철학자' 라는 쉬운 역할에 빠져들지 않으려고, 자신이 주장한 개념 '비본래성'과의 싸움에 평생을 바쳤다.

실존주의는 마르크스주의를 대체할 수 없어. 실존주의가 할 수 있는 일은 마르크스주의를 더욱 인간답게 하고, 스탈린이 마르크스주의라는 이름으로 자행한 범죄로부터 보호하는 것이야.

카뮈와 부조리

000

알제리 태생으로 언론인, 수필가, 소설가인 알베르 카뮈(Albert Camus, 1913~60)도 자신은 실존주의자가 아니라고 부인했다. 그러나 그가 무신론적인 '불합리한 세상'에서 살고 있는 것이 어떤 의미인지를 생각했다. 감정에 어떤 영향을 끼치지에 대한 이런 탐구는 확실히 실존주의에 기여했다. 그는 프랑스 레지스탕스에 헌신함으로써 사르트르와 가까워졌지만, 둘은 공산주의와 알제리의 독립 문제로 첨예하게 대립했다. 무의미한 세상에서 어떻게 의미를 긍정할 수 있을까? 카뮈는《시시포스의 신화(The Myth of Sisyphus)》(1943)에서 이를 잘 보여주고 있다. 시시포스는 신들에게 오르막으로 바위를 밀어 올리면 바위는 다시 굴러 내려오는 식으로 영원히 저주받았다. 카뮈는 질문으로 책을 시작한다.

그리고 그는 계속 다음과 같이 말한다. "인생이 살 가치가 있는지 없는지 판단하는 것은 철학의 근본적인 질문에 답하는 것과 같다." 시시포스는 소용없는 일에 의미를 부여함으로써 도전적인 선택을 했고, 그렇게 해서 의미를 얻게 되었다. 이렇듯 인간 역시 자신의 '불합리한' 삶 속에 존재한다.

정말로 심각한 철학적 문제가 하나 있는데 그건 자살이야.

분석철학 : 수학의 문제

∘∘∘

철학자들은 종종 엄청나게 어려운 답이 예상되는데도, 아주 쉬운 질문을 던지는 성가신 습관을 가지고 있다. 2 더하기 2는 4라는 것은 누구나 알고 있다. 그러나 철학자들은 왜 그런 거냐고 이유를 묻는다.

피타고라스는 수학이 모든 것을 이해하는 열쇠라고 확신했다. 플라톤은 숫자가 일종의 독립적으로 존재하는 신비로운 존재라고 믿었다. 20세기의 '분석' 철학자들의 주요 관심사 중 하나는 논리학에서 수학의 '토대'를 찾으려는 시도였다.

수학의 토대를 찾는 일은 빅토리아 시대의 경험주의 철학자인 존 스튜어트 밀을 짜증나게 했는데, 수학적 정확성이 '누워서 떡먹기'처럼 느껴졌기 때문이다. 그는 수학이 인간 세상의 경험에 기반을 둔 매우 가능성 있는 귀납적 진리라고 주장했다.

하지만 이것이 사실이라면 왜 수학은 종종 우리에게 우주의 작용에 대한 정확한 그림을 던져주는 것일까? 칸트의 설명은 수학이 '선험적 종합'의 또 다른 예라는 것이다. 즉 수학은 우리의 뇌가 그런 식으로 구성되어 있기에 항상 진실이다.

우리는 3개로 분류된 사물에 대한 관찰을 통해, 3+3=6이라는 것을 알고 있지.

하지만 대부분의 철학자들은 이게 잘못되었다고 생각해.

우리 수학은 연역적이고, 인간이나 그 세상과 관계없이 항상 진실한 독립적인 시스템이라는 걸 믿지.

프레게와 대수학

○○○

고트로브 프레게(Gottlob Frege, 1848~1925)는 특별한 일없이 한적하게 살았지만, '지식의 문제' 대신에 논리를 현대 철학의 토대로 삼아 서양 철학을 영원히 바꾸어 놓았다. 그는 전통적인 연역적 논리를 버리고 새로운 '형식적' 및 '기호적' 논리를 내놓았다. 이 새로운 논리를 사용함으로써, 그는 수학과 논리 간의 깊은 연관성을 증명할 수 있다고 생각했다. 프레게는 숫자가 기린처럼 '물체'가 아니라는 것을 보여줌으로써 수학을 알기 쉽게 설명했다.

그래서 2+2=4는 '동어반복'이지 즉 1+1+1=1+1+1 이상은 아니지. 세상에 대한 우리의 관찰이나 정신이 어떻게 구성되는지와는 아무 상관이 없어.

그후 프레게는 수학이 어떻게 분석적이고 '공허'한지 보여주었다.

합리주의 철학자들은 종종 수학을 이성에 의해 만들어진 근본적인 진리의 가장 전형적인 것으로 발전시켜 왔다. 수학 지식에 대한 프레게의 비판적 평가는, 철학자들만이 알 수 있는 어떤 특별한 형이상학적 지식이 있다는 환상을 깨는 데 결정적인 도움이 되었다.

남겨진 미스터리

○○○

프레게는 수학적인 진리에 대한 철학적 문제 해결에 매우 근접한 것 같다. 불행히도 1903년, 버트런드 러셀은 프레게의 논리체계로는 풀 수 없는 것처럼 보이는 역설을 발견한다. 또한 쿠르트 괴델(Kurt Gödel, 1906~78)은 어떤 정합적 논리체계로 증명할 수 없는 수학적인 진리가 항상 존재할 수 있음을 보여주었다. 모든 형식적 체계는 일관되거나 완전할 수 있지만, 둘 다는 아니다.

그래서 수학은 여전히 논리를 회피하며 현대 철학의 중심적인 문제 중 하나로 남아 있다.

의미와 참조

○○○

프레게는 현대 언어 철학의 창시자 중 한 명이기도 하다. 그는 현대 철학의 의제를 지식의 문제에서 더욱 근본적인 문제인 의미의 문제로 바꾸도록 도왔다. 프레게는 일상적인 문법 언어는 논리적이지 않으며, 논리 자체가 심리학과는 무관하다고 강조했다. 언어에는 두 가지의 다른 기능이 있다.

언어의 뜻은 관습에 근거한 공적인 현상이며 변할 수 있지만, 지시체는 진실 또는 거짓에 대한 것이다. 프레게는 이러한 통찰력을 바탕으로하는 논리학의 복잡한 체계를 찾아냈다.

> 첫째, 언어는 우리가 알고 있는 '뜻' 이나 '의미' 로 구성되어 있다.

DOG개

> 둘째, 언어는 사물과 개념을 '지시' 하게 하거나 '지적' 한다.

러셀의 논리 원자론

∘∘∘

버트런드 러셀(Bertrand Russell, 1872~1970)은 앨프리드 노스 화이트헤드 (Alfred North Whitehead, 1861~1947)와 함께, 가장 단순한 수학조차도 어떻게 논리적 토대(예를 들어 자신들의 《수학원리》에서 1+1=2와 같은 것들)를 가지고 있는지 증명하는 데 실패했다. 하지만 이런 증명의 노력에 의해 프레게의 문제영역과 유사한 문제영역을 다루게 되었다.

영국 경험주의의 존경할 만한 철학적 전통에서 러셀은 '논리 원자론
자'였다. 그는 세상을 이해하는 가장 좋은 방법은 모든 것을 개별요소로
나누는 것이라고 생각했다. 그러면 개별 명제는 세상의 개별적인 '조각
들'에 의해 야기되는 마음 속의 개별적 감각들을 지시한다는 사실이 드
러날 수 있었다.

　　평범한 언어를 모호하지 않게 하려면 논리적인 형태로 세분화되어
야 한다. 이것이 어떻게 작용하는지 보여주는 좋은 예는 'is(~이다 혹은
~있다)'라는 단어다. 러셀은 '프랑스의 왕
은 대머리'라는 유명한 예를 들어 이른바
'한정기술구'라는 이론을 제안했다. 여기
서 말하는 'is'는 무엇인가? 러셀은 하이
데거의 '존재'와는 전혀 다른 논리적인 분석
으로 'is'를 엄격하게 다룬다.

우리는 직접 알고 있는
사람이 알고 있는 것에 대해서만
확신할 수 있지.

그 밖의 모든 것은
이 기본 데이터의 논리적 구성을
통해 구축되어야 해.

논리적 분석

000

'프랑스 왕은 대머리'라는 문장은 존재하지 않는 사람을 가리키는 것 같아 이상하다. 이 언어적 퍼즐에 대한 러셀의 해결책은 평범한 문장을 논리적 요소들로 깨트리는 것이다. 그러면 무엇이 잘못되었는지 보다 쉽게 파악할 수 있다.

그래서 '프랑스 왕은 대머리'라는 원문의 '이다.'는, 존재하지 않는데도 왕이 존재하는 것처럼 교묘하게 암시하고 있으며, 논리적인 분석은 이를 분명하게 드러낸다. 이러한 종류의 분석은 문장의 '뜻'과 '지시체'의 차이도 보여준다.

▷ '현재' 프랑스 왕이 있다. 틀림.

▷ 프랑스 왕이라는 존재는 전부 대머리이다.

▷ 프랑스 왕은 단 한 명뿐이다.

프레게와 러셀 둘 다 현대 철학은 더 이상 분과학의 문제가 아니며 '분석적 활동'이 되어야 한다고 생각했다. 20세기 철학자들은 '현실의 가장 내면적인 본성'을 탐구하는 투시자보다 논리학자가 되어야 한다고 지적한다. 하지만 영국 귀족인 러셀이 생전에 많은 도덕적 · 정치적 문제에 집착하는 것을 막지는 못했다.

논리실증주의자들

○○○

논리실증주의자들(또는 비엔나 서클)은 철학자라기보다는 사회학자, 물리학자 들이다. 모리츠 슐리크(Moritz Schlick, 1882~1936), 오토 노이라트(Otto Neurath, 1882~1945), 루돌프 카르나프(Rudolf Carnap, 1891~1970)는 모든 철학, 그 중에서도 특히 헤겔의 관념론은 형이상학적 허튼소리라고 생각했다.

그들은 언어의 '표면적 문법'이 철학자들을 스피노자와 라이프니츠의 '실체'와 같은 가상의 개체에 대해 끝도 없고, 해결할 수도 없는 '허위 논쟁'을 일으켰다고 생각했다.

에이어의 논리적 실증주의

000

논리실증주의자들은 '철학적 지식' 같은 것은 없다며, 진정한 지식을 얻는 길은 과학을 통해서만 가능하다고 생각했다. 철학은 개념을 명확히 하고 언어적 혼란을 해소하는 분석적 활동일 뿐이다. 알프레드 에이어(A.J. Ayer, 1910~89)는 1930년대에 비엔나로 갔다가 논리실증주의자들의 가르침을 받고 영국으로 돌아왔다. 그는 26살 때《언어, 진실, 그리고 논리(Language, Truth and Logic)》를 썼다. 그는 이 책에서 종교와 윤리의 언어는 모두 '터무니없는' 것이라고 주장하며, 냉철하게 기술적으로 묵살함으로써 영국 기득권 구성원들을 큰 충격에 빠뜨렸다.

논리실증주의는 외국에서 유입된 것이라기보다는 영국 전통적 경험주의에 대한 급진적 표현일 뿐이야.

의미에 대한 검증

° ° °

관용과 과학적 진보를 믿는 비엔나 서클의 회원들은 결국 나치 독일의 광기에서 도망쳐야 했다. 슐리크는 미치광이 학생 중 한 명에게 총에 맞아 죽었는데, 이는 보통 철학 교사들이 조용히 넘어가고 싶어 하는 부분이다.

　의미론으로서 검증주의는 상당히 빨리 무너졌다. 일반적으로 많은 현대 과학이 개념적이고 단순히 '관찰하고 발견하는' 방식으로는 검증하기 어렵기 때문이다. 아무도 '쿼크'를 본 적이 없는데, 어떻게 그것을 '실험'할 수 있을까? 또한 의미는 검증의 결과가 아니라 검증보다 우선해야 한다. 이해하지 못하는데 어떻게 검증할 수 있겠는가? 이 같은 의미의 문제를 더욱 설득력 있게 정리하는 역할은 다른 비엔나 철학자들에게 맡겨졌다.

비트겐슈타인의 논리원자론

○○○

루드비히 비트겐슈타인(Ludwig Wittgenstein, 1889~1951)은 처음엔 공학도였다. 수학 논리에 관심을 갖고 있던 그는, 1911년 케임브리지에서 버트런드 러셀과 함께 일하게 되었다. 비트겐슈타인은 부유하고 재능도 있었지만 비극적인 비엔나 가문 출신이었는데, 형제들 중 세 명이 자살을 했다. 그는 철학의 학문적 가르침을 무용지물이라며 배척한 카리스마 있고 참을성 없는 수수께끼 같은 교사였다. 하지만 그는 서양 철학을 영원히 바꾼 은밀한 종교인이었다. 제1차 세계대전 때는 오스트리아 군대에서 복무하기도 했다.

그는 1922년에 짧고 매우 어려운 작품인 《논리-철학 논고(Tracatus Logico-Philosophicus)》를 출판했다.

참호에서, 나는 언어와 논리 이론을 개발하기 시작했다.

《논리-철학 논고》는 '세상만사가 다 그렇다.'는 말로 시작한다. 비트겐슈타인은 처음에는 문장의 논리적 복잡성을 드러내기 위해 '분쇄'되어야 한다고 주장하는 러셀의 '원자론'을 채택한다. 비트겐슈타인은 그 의미가 원자 논리적 문장에서 비롯된다는 것을 보여주려고 했다. 그와 같은 원자적 명제는 그가 수수께끼처럼 세상의 '원자적 사실'이라고 부른 것의 정확한 '그림'을 형성하는 것이다.

이런 전제는 언어를 통해 가질 수 있는 일종의 의미 있는 생각에는 한계가 있다는 사실을 의미한다. 형이상학적 문제는 철학자들이 항상 '말할 수 없는 것들을 말하기' 때문에 발생한다. 이 책은 "우리가 말할 수 없는 것들에 대해서는 침묵으로 남겨둬야 한다."는 말로 끝을 맺는다.

내 언어의 한계가 내 세상의 한계지.

의미가 의미하는 것

○○○

비트겐슈타인은 그후 '의미의 문제'를 해결하려는 첫 번째 '원자론적' 시도를 포기하고, 일반성 또는 '본질'에 대한 모든 전통적인 철학적 탐구에 의문을 제기하기 시작한다. 이 새롭고 아주 다른 접근방법은 서술적 사고였고, 결국 유고작인《철학적 탐구(Philosophical Investigations)》(1953)에 게재되었다.

> 위대한 20세기에 '의미'를 탐구하는 것은 헛된 일이다. 왜냐하면 그것은 '의미'가 언어와 '분리'되어 있다는 잘못된 인식에서 비롯되었기 때문이다.

이것은 철학자가 아니다.

그래서 예술의 개념을 지시하는 유용한 단어가 있다고 해서 '예술'이라는 의미를 부여하는 '하나의 본질적인 것'을 탐구한다거나, 그 개념이 어떻게 마음속에 존재하는지를 묻는 것은 의미가 없다. '예술'이라는 단어는 단지, 사람들이 '가족의 유사성'을 공유하는 서로 다른 활동이나 공예품을 언급하기 위해 사용된다.

언어 게임

○○○

언어는 다양한 목적과 목표를 가진 다양한 종류의 일련의 '게임'이다. 의미는 '삶의 형식'에 의해 만들어지고, 사회적으로 합의된 관습의 결과물이며 언어와 '분리'되어 성립될 수 없다. 이는 언어가 자율적이고 세상으로부터 자유롭게 떠다닌다는 뜻이다. 비트겐슈타인은 일종의 병이라고 생각한 철학적 담론에 대해 치료적 관점을 채택한다. 즉 하나의 언어 게임은 다른 언어 게임과 혼동될 수 있게 언어가 휴가를 떠났기 때문에 생겨난 결과이다.

사적인 생각

000

비트겐슈타인의 후기 정신 철학도 반데카르트주의다. 생각은 언어적이다. 언어는 사회적 산물이므로 의식은 '사적'인 것이 될 수 없다. 이는 '정확성'을 추구하는 현상학이 '1인칭'을 탐구함에 있어 오해하고 있었다는 것을 의미한다. 데카르트와 그의 수많은 제자들의 분석은, 1인칭의 경험은 다른 종류보다 항상 더 '즉시적'이고 정확하다고 주장했다. 그러나 정신적 경험을 이야기한다거나 글을 쓴다는 것은, 의미와 지시체를 모두 내려놓고, 사회적으로 합의된 규칙에 따라 공용어를 사용하는 것을 의미한다.

'사적 언어'와 같은 것은 생각조차 할 수 없을 것이죠.

프로이트의 무의식 이론

○○○

비트겐슈타인이 철학의 언어적 질병에 대한 '치료법'은 정신분석의 창시자인 또 다른 비엔나 출신 지그문트 프로이트(Sigmund Freud, 1856~1939)에게 힘입은 바가 있다. 성적으로 구조화된 무의식에 대한 프로이트의 대단히 영향력 있는 이론은, 신경생리학 및 임상 실습에서 비롯되었다. 그러나 우리가 종종 정신적 과정에 대해 '무의식'이라 부르는 개념은 쇼펜하우어 같은 19세기 철학자들에게 이미 알려져 있었다. 프로이트는 더 나아가 문명 그 자체는 무의식 수준으로 성욕을 억제할 수 있어야만 가능하다고 제안했다. 하지만 이는 객관적 합리성을 위한 철학적 탐구를 약화시키는 관점이다.

인간은 자신의 생각, 믿음, 욕망의 원초적 기원에 대해 여전히 무지해.

무의식은 허구다. '무의식'과 '정신'은 동시에 있을 수 없어.

장 폴 사르트르는 프로이트의 무의식을 경험적으로 증명할 수 없는 것으로 일축한 철학자와 심리학자 들 중 한 명이다.

일상언어 철학

○ ○ ○

비트겐슈타인은 '파리가 병에서 빠져나오는 길을 보여주는 것'이나 또는 대부분의 철학적 퍼즐이 언어적 혼란의 결과일 뿐이라는 사실을 보여주는 것이, 현대 철학자들의 치료 업무라고 생각했다.

옥스퍼드 대학의 '일상언어' 철학자인 오스틴(J.L. Austin, 1911~60)은 더 많은 언어적 '파리통(flybottle)'을 열었다. 요점은 '지각'이나 '지식'과 같은 사상이, 일상언어로 어떻게 사용되는지 자세히 조사하는 것이었다. 오스틴은 연극의 언어행위라는 개념을 소개했다. 요컨대, 이것은 어떤 말을 할 뿐만 아니라 동시에 어떤 행동을 한다는 것을 의미한다. 내가 누군가에게 '비가 올 것 같다'고 말하면, 나는 일련의 연기를 하고 있는 것이다.

'보이는 것' 자체가 진짜 실체라는 걸 의미하진 않지만, 비에 대해 경고를 하고, 우산을 가져가라고 충고하는 거야.

기계 속의 유령

000

또 다른 영향력 있는 철학자인 옥스퍼드 대학의 길버트 라일(Gilbert Ryle, 1900~76)도, 영국의 경험론과 브렌타노와 후설의 현상학에 대해 관심을 갖고는 '일상적 개념'이라는 유사한 관점에 도달했다. 철학자들은 라일이《정신의 개념(The Concept of Mind)》(1949)에서 흔히 말하는 '범주착오'를 저지른다. 악명 높은 예는 데카르트의 '기계 속의 유령'과 같이, 사적인 생각을 가진 육신을 떠난 정신에 대한 그릇된 믿음이다.

라일은 정신이라는 용어는 항상 육체적 감각으로 바뀌어야 한다는 철학적 행동주의의 견해를 취했다. 언어와 의미에 대한 이러한 행동주의적 견해는, 감각과 사유에 관한 모든 이야기가 타인의 감각이나 사유를 지칭하는 것이라면, 설득력이 있을 수 있다. 하지만 행동주의적 견해는 언어를 우리 자신의 생각과 신념을 지칭하는 방법에 대한 설명으로 본다면 설득력이 없다.

'내면의 사적 경험'에 관한 그런 이야기는, 항상 특정한 방식으로 행동하려는 성향이라고 간주해야 한다.

과학철학

○○○

'대륙철학'과 '분석철학' 사이의 구분이 명확한 것과는 거리가 멀어서, 20세기에는 과학이 최상의 것으로 인정받게 된 것이다. 철학자가 아닌 과학자들은 우리가 살아가는 방식, 세상에 대한 지식과 우리 자신에 대한 관점을 변화시켰다.

하지만 왜 과학 지식이 그렇게 특별한가?

다른 종류의 지식과는 어떻게 다른가?

이 모든 성공에 눈이 멀어 과학에 대한 과도한 숭배는, 과학이 모든 인간의 문제를 해결할 수 있다는 순진한 믿음인 '과학만능주의'의 먹이가 되기 쉽다.

온갖 종류의 과학자들이 있다. 어떤 사람들은 흰 코트를 입고 값비싼 기술 장비를 사용하며, 어떤 사람들은 칠판에 도저히 이해할 수 없는 수학적인 것들을 휘갈겨 쓴다. 그러나 이들은 독특한 종류의 지식을 만들어내는, 일종의 특별한 과학적인 '방법'을 사용하기 때문에 모두 '과학자'라고 일컬어진다. 과학 지식이란 보통 '보편성', '정량성', '경험성' 및 '예측력'을 가진 것을 말한다. 개구리 과학자는 개구리에 대해 모든 걸 말해 줄 수 있어야 한다.

귀납법

∘∘∘

그렇다면 과학자들은 어디서 그들의 이론을 얻을까? 귀납법은 명백히 과학적인 '방법'이다. 어떤 과학자가 다양한 조건에서 수영하거나 뛰는 수많은 개구리를 관찰하고 측정하며, 마침내 '양서류 이론'을 만들어낸다고 하자. 그러나 200여 년 전에 철학자 흄은, 귀납법은 확률만 제공할 뿐 정확하지 않다고 지적했다.

하지만 보는 것이 증명하는 것인가? 우리가 '보는 것'은 종종 우리의 문화적·교육적 조건에 영향을 받는다. 즉 세상에 대한 모든 추정으로부터 벗어나기 어렵고, 우리가 보는 것을 '객관적인' 언어로 기술하는 것도 마찬가지로 불가능하다.

과학자는 모든 개구리가 양서류일 개연성이 크다는 것만 말할 수 있을 뿐이야.

보는 것은 단순히 수동적으로 감각적으로 정보를 수신하는 과정이 아니다. 정보를 수신하고 선택하고 분류하는 훨씬 더 복잡한 과정이다.

과학자는 의심할 여지없이 개구리가 무엇인지, 수영이 어떤 것인지, 얼마나 많은 수의 개구리를 살펴볼 필요가 있는지 등, 확실한 전제를 가지고 있을 것이다. 귀납법에 기반을 둔 어떤 과학도 결코 정확하지 않을 것이다. 왜냐하면 인간적이고 의심스러운 '경험에 기반'하는 것이라 항상 문제가 있을 수 있다.

반증 가능성 원리

○○○

칼 포퍼는 '반증 가능성 원리(Falsification Theory)'가 과학적 절차에 대해 보다 합리적인 사고방식이 될 것이라고 주장했다. 그의 견해로 과학 이론은 항상 잠정적이어야 한다. 진정한 과학자들은 항상 자신의 이론이 어떤 새로운 모순된 관찰에 의해 '반증'될 수 있는 방법을 제시할 것이다.

점성술이나 프로이트 정신분석학과 같은 사이비 과학의 제자들은, 항상 자신의 핵심 믿음과 모순되는 증거를 받아들이지 않을 것이다.

그러나 과학적인 방법으로서 반증주의는 나름의 문제도 있다. 만약 세계에 대한 관찰이 '이론으로 가득 찬' 것이라면, 어떻게 하나의 관찰로 복잡한 과학 이론을 즉시 무효화할 수 있을까? 우리가 무엇을 믿어야 할지 어떻게 알 수 있는가? 과학 이론은 복잡하고 상호의존적이다. 따라서 단 하나의 관찰로 조작하는 것이 쉬운 일은 아니다. 역사는 또한 과학자들이 종종 하나의 모순된 관찰 때문에, 애지중지하는 이론을 버리는 것을 매우 꺼리는 경우가 많았다고 지적한다. 때로는 고집을 부리는 게 옳은 경우도 있었지만 항상 그런 것은 아니다.

막스 플랑크(Max Planck, 1858~1947)는 흥미로운 사례다. 양자물리학은 신성불가침의 열역학 제2법칙을 거스르는 것 같은 플랑크의 수학적 발견에서 비롯되었다.

나는 물질과 방사능에 대한 나의 혁명적 통찰력을 반박하기 위해 수년 동안 기진맥진 했었지.

토머스 쿤 : 패러다임의 전환

○○○

포퍼에게 있어 과학은, 과학적 '진실'의 축적을 향해 점진적으로 발전하고, 이성으로 구동되는 불규칙하지만 체계적인 에스컬레이터와 같다. 토머스 쿤(Thomas Kuhn, 1922~1996)은 과학에 대한 이러한 순진하고도 진보적인 관점에 도전했다. 그는 과학의 역사를 자세히 들여다보고 이렇게 물었다. 과학자 공동체는 과학의 자기 분야에서 실제로 어떻게 실천하고 있는가?

그러나 패러다임은 역사의 과정에서 급진적으로 변화하거나 '전환'된다. 우주론적 패러다임은 아리스토텔레스, 프톨레마이오스, 코페르니쿠스, 뉴턴이었고 현재는 아인슈타인이다.

하나의 특정한 이론이나 패러다임이, 항상 세상을 검증하는 올바른 방법으로 인정된다는 점이 명백해졌다.

그렇다면, 패러다임은 왜 바뀔까? 왜냐하면 패러다임은 과학자들 스스로가 제기하는 도전에서 발생하는 '진실'이 아닌 미해결 문제들을 축적하기 때문이다. 갈릴레오나 아인슈타인의 주장들도 당대의 지배적인 패러다임을 위기에 빠뜨렸다.

천체나 광선에 대한 과학적인 믿음 체계는, 새로운 생각을 수용하지 못한다면 그냥 붕괴되어버릴 것이다. 쿤은 과학이 일종의 방법론적 진화 과정이 아닌, 갑작스런 혁명적 변화를 통해 '진전'된다고 주장한다. 과학적 믿음은 종교적인 믿음과 크게 다르지 않다. 새로운 과학은 새로운 증거를 발견해내는 설득력 때문에 받아들여지는 것이 아니다. 그보다는 오래된 과학자들이 죽고 새로운 과학자들이 그들을 대체하기 때문이다.

내 망원경을 통해 목성이 달 궤도를 돌고 있다는 것을 볼 수 있지.

나는 중력이 빛을 굴절시킬 수 있다고 말하고 있지.

인식론적 무정부주의

○○○

과학자들은 쿤이 과학의 합리성과 진보를 위협한다고 느꼈지만 그렇지 않다. 그러나 아마도 과학에 대한 가장 급진적인 비평가는 오스트리아 태생의 파울 파이어아벤트(Paul Feyerabend, 1924~1994)일 것이다. 그는 《방법에의 도전(Against Method)》(1974년)에서 과학의 성장에 대한 설명은 경쟁 이론의 다양성, 또는 '인식론적 무정부주의'라는 것을 강조한다.

> 과학이 '진보'라고 말할 수 있다면, 그것은 기존의 확립된 방법에 반하는 행동을 한 독불장군식의 과학자들 덕분이다.

본질적으로 다원적이고 무정부주의적이어서 창의적인 '과학'이, 발견 가능한 어떤 고정된 방법론적 규칙에 의해 지배될 수 있다고 생각하는 것 자체가 어리석은 일이다. 게다가 과학적인 지식에는 근본적으로 '더 나은' 것이 있을 수 없다.

현대에서 포스트모던으로

○○○

현대 철학은 그 과정에서 아무리 많은 '현실'이 희생되어야 했는지 상관 없이, 확실하고 실현 가능한 진리의 발견과 경험적 토대를 마련하고자 했던 데카르트의 시도에서 시작되었다. 그에게 이 기초는 바로 "나는 생각한다. 고로 존재한다."였다.

자아의 존재, 객관적 진실, 언어의 의미에 대한 의구심은, 데카르트 이후로 포스트모던의 조건이 되는 확인 가능한 지식의 '위기'로 확대되었다.

포스트모더니즘의 3대 '만약'

○ ○ ○

우리는 아마 포스트모던 철학을 3대 '만약'으로 가장 잘 이해할 수 있을 것이다.

만약 인간의 사상이 더 이상 '일반적인 것'으로 보장되지 않는다면.

만약 우리가 생각하는 언어가 의미 있게 외부 세계를 언급할 수 없다면.

만약 자율적인 언어적 기호의 의미가 끊임없이 바뀐다면.

그렇다면 철학, 논리학, 심지어 과학 그 자체도 매우 나쁜 소식이다.

포스트모던 회의론은 철학, 논리학, 심지어 과학에게는 정말 나쁜 소식이다.

니체 : 진리의 오해

○○○

포스트모던적 회의론의 씨앗은 항상 서양 철학에 존재하고 있었다. 특히 말의 의미가 불안정했기 때문에, 플라톤의 크라틸로스가 더 이상 말하기를 거부한 이후부터였다. 포스트모더니즘의 또 하나의 명백한 최근의 창시자가 바로 니체인데, 니체는 언어는 은유적일 수밖에 없다고 주장했다.

니체는 '지식'으로 간주되는 것은 그야말로 가장 강한 자가 다른 모든 사람에게 강요하는 것이라고 생각했다. '순수 이성'이나 '지식 그 자체'와 같은 모순된 개념의 함정인, 고통 없고 영원한 인식의 '주체'를 상정하는 위험한 허구를 경계해야 한다.

언어와 현실

○○○

포스트모던적 회의주의는 단순한 변덕이 아니라 역사의 필연적인 결과이다. 우리는 서양 철학을 통한 여정에서 언어, 의미, 지식에 대한 복잡한 논쟁을 많이 보아왔다. 여기에 언어와 현실의 관계에 대해 의구심을 갖고 있는 하이데거, 비트겐슈타인, 자크 데리다와 같은 세 명의 매우 다른 현대 철학자들이 있다.

이들은 정말 무엇을 말하는 것일까? 하이데거: 인간으로서 우리는 언어와 현실을 결코 분리할 수 없다. 비트겐슈타인: 서양 철학이 하나의 예가 되는 국지적 '언어 게임'으로만 있을 뿐이다. 데리다: 우리는 생각하고 소통하기 위해 언어를 사용하지만, '외부' 현실과의 관계를 알 수 있는 객관적인 방법은 없다. 우리의 생각은 언어 안에 '갇혀' 있다.

기호체계

000

스위스 언어학자 페르디낭 드 소쉬르(Ferdinand de Saussure , 1857~1913)는 구조주의와 기호학의 창시자였다. 그는 언어의 '의미'에 대한 탐구를 포기하는 대신, 언어의 사용 기능에 대한 설명을 택했다. 언어적 '의미'는 '외부' 사물 간의 관련성에서 파생하는 것이 아니라, 기호체계 내에서 기호들 위치 사이의 관계에서 유래한다.

또는 소쉬르는 '언어에는 변치 않는 용어는 없고 차이만 있을 뿐'이라고 했다

언어와 세상과의 관계는
임의적이지. 이것은 현실을
의미하지 않아.

구조주의자들

○○○

소쉬르는 특히 프랑스에서 철학을 '담론'의 한 형태로 연구하기 시작한 1960년대 구조주의 비평가들에게 영감을 주었다. 모든 담론의 구조적 핵심 특징은 이진법 대립 코드인 기호체계의 공유이다. 예를 들어 '영혼'이라는 개념은 그 반대인 '육신' 또는 '어둠'에서 '빛'으로, '자연적'에서 '문화적'으로 그 의미를 파생한다. 인류학자인 클로드 레비스트로스(Claude Lévitrauss, 1908~2005)는 이진법의 코드 체계가 모든 문화에서 공통 논리로 작동한다고 주장했다.

구조론자들은 세상이 생성적인 '심층 구조'와 연계되어 상호 연동체계로 조직되어 있고, 분석에 개방된 자체 문법을 사용한다고 보았다. 이 견해는 1960년대 후반에 '후기 구조론자들'인 롤랑 바르트(Roland Barthes, 1915~1980), 줄리아 크리스테바(Julia Kristeva, 1941~), 특히 자크 데리다(Jacques Derrida, 1930~2004)에 의해 뒤집어졌다.

'자의적인' 소쉬르의 통찰력을 극단화하여 기호의 자의적인 본성으로까지 밀고나간다면.

발견하게 될 것은, 궁극적 진실을 발견할 수 없는 '무한한 기호놀이' 뿐일 거야.

왜냐하면 기호들은 항상 자의적인 의미를 가질 수 있기 때문에, 자기의 반대편에 의해 안정성이 깨어질 수도 있으므로, 의미는 항상 극단적으로 유동적인 것이 돼.

SIGNIFIER 기표

SIGNIFIED 기의

비평가나 철학자의 임무는 이러한 의미의 '미끌어짐'을 인식하고 '맥락을 파악하는' 것이 필요하다.

데리다의 해체

∘∘∘

후기 구조주의의 가르침은 철학적 텍스트(문장)에도 적용된다. 철학적 텍스트 역시 '자기 자신과 반대로' 읽을 수 있으며, 이는 본질적으로 자크 데리다의 해체이론의 전략이다. 그것은 '방법'이 아니라 비트겐슈타인이 주장한 치료법에 가깝다. 이는 진정한 의미에서 '통일'을 추구하지 않고, 텍스트에서 각각 서로 무의식적으로 다투고 있는 복수의 의미를 나타낸다. '무의식적' 투쟁이라는 말로 노출되는 것은 형이상학적 가정을 뒷받침하는 이진법적 양극성이다.

이진법적 대립 속에서 하나의
요소는 항상 다른 요건에
대해 특권을
부여받는다.

남자 **Man** – – Woman 여자
빛 **Light** – – Dark 어둠
이성 **Reason** – – Emotion 감정
유 **Presence** – – Absence 무

특권을 가진 용어들은 사회적·문화적 계급을 생산하는 체제에 빠져든다.

로고스 중심주의

000

해체는 텍스트 속에서 의미의 내부 모순과 미끌어짐을 발굴하여, 현재의 의미는 지배적인 문화적 · 정치적 이념에 의해 안정화된 것에 불과하다는 사실을 상기시켜 준다. 데리다에게 있어서 문제는 '잘못된 정체성'이라는 것이다. 철학자들은 항상 말이 정신에 분명하지 않게 존재하는 의미를 전달하려 한다고 가정해 왔다.

철학은 진실을 보장하기 위해 말과 의미 사이의 일대일 관계에 의존한다. 이것은 데리다에게 '이성의 언어'를 전체주의자로 만들 수 있는 로고스 중심주의의 오류이다. 이는 다르거나 맞지 않는 모든 것을 억압하고 배제한다.

텍스트 밖에 어떤 것이 있어서 단일한 고정된 의미를 부여한다고 가정한다는 것은 실수이지

의미는 고정된 것이 아니라 항상 지연되는 것이지.

존재하지 않는 자아

○○○

데리다는 근본주의(Foundationalism)를 맹렬히 비판한다. 그것은 자기 합리화라는 근본 신념이 있다는 교의다. 그리고 현대 철학의 근본적인 신념의 토대는 데카르트의 "나는 존재한다. 고로 존재한다."이다. 정신분석학자인 자크 라캉(Jacques Lacan, 1901~1981)은 '자아'가 허구라는 충격적인 주장을 했다. 하지만 이는 데카르트주의와 현상학론자들이 근본적 자아에 뿌리를 둔 확실성을 찾는 탐구를 방해한다. 사적이고 고유한 정체성은, 변화하는 경험에 대해 일정의 통일감을 만들어주고, 우리에게 안정감을 제공하는 유용한 환상일 뿐이다.

라캉은 우리 내면의 가장 깊은 부분, 우리의 무의식은 언어와 마찬가지로 구조화되어 있다고 주장한다. 아이는 언어를 습득하고 나서야 사회라는 세상으로 들어가 비로소 '나'가 된다.

대서사의 종말

○ ○ ○

포스트모더니즘도 철학을 정치, 사회, 역사의 영역으로 가져온다. 이런 맥락에서 장 프랑수아 리오타르(Jean-François Lyotard, 1924~1998)는 계몽주의 이후 줄곧 이성에 적용해 왔던 원리인 진보 사상에 대한, 그 토대가 된 잘못된 믿음을 약화시켰다. 20세기 모더니즘은 해방과 부의 창출, 보편적 진리라는 '대서사'의 계몽주의적 믿음을 순진하고 비참하게 계승했다. 리오타르는 《포스트모던의 조건(The Postmodern Condition)》(1979)에서, 이성적으로 질서정연한 사회의 이 같은 '대서사'가 무너졌다고 주장한다.

우리는 파시즘을 견뎌냈고 공산주의의 종말을 보았으며, 이제 마피아식의 경제와 자유시장의 탐욕, 그리고 세계적 규모의 환경적 재앙을 목격하고 있다. 만약 이런 것들이 '객관적인 이성'의 최종 결과라면, 분명 무언가 잘못된 것이 있을 것이다.

해방에 대한 모더니스트의 믿음은 실제로 무엇을 만들어냈는가?

푸코 : 파워 플레이

○○○

또 다른 포스트모더니즘의 핵심 사상가인 미셸 푸코(Michel Foucault, 1926~1984)는 더 나아갔다. 그의 관점은 권력과 지식은 상호 연관적이라는 사실이다. 사회 통제의 시스템은 18세기 계몽주의 이후 인류 과학과 함께 발전해 왔다. 철학 자체가 다른 사람을 소외시켜 그들을 지배하는 '권력놀이'의 공범이었다. 푸코는 사회사적 분석을 수행하기 위해 니체의 '계보학'의 개념을 차용했다.

제도화된 '지식'은 '미친 사람', '범죄자', '성적 비정상인 사람'을 병적으로 해석하기 위한 권력의 도구이다.

과잉현실성의 세계

° ° °

포스트모더니즘 사상가들은 다원적인 관점을 중시하고 모든 법률 제정 제도에 끊임없이 도전해 왔다. 이들이 우리에게 제시하는 세계는 장 보드리야르(Jean Baudrillard, 1929~)의 이론에서 볼 수 있듯이, 종종 단편적이고 악몽과도 같은 '과잉현실성'의 하나이다.

철학은 자신을 풍자하는 것이 되었다. 따라서 철학은 자신이 사용하는 기호의 의미가 이끄는 것에 대해 신중하게 주목하는 혼란스러운 다중관점이 되었다. 물론 항상 명확하거나 재미있는 책을 읽을 수 있는 것은 아니다! 그렇다면 포스트모던주의자들은 어떻게 모든 회의론자들이 직면하고 있는 통상적인 역설에서 벗어날 수 있을까? 그들은 어떻게 최소한의 이성에도 의존하지 않고, 이성은 구성물이라고 주장할 수 있을까?

우리는 '현실'의 일시적인 표면과도 관련이 없을 법한 기호들에 둘러싸여 초현실적 복제 세계에 존재하고 있어.

포스트모던 철학이 왜 역설적이고 풍자적이고, 장난스럽게 보이려고 하는지 설명이 되는군.

과학은 어때?

○○○

이러한 급진적이고 신랄한 포스트모더니즘적 상대주의에서 벗어날 수 있는 인간 지식은 한 분야도 없다. 과학과 논리는 유사하게, 경험에 대한 해석으로 구성된 것이라고 비난을 받는다. 시대를 초월한 것 또는 보편적 현실도 없고, 그 둘에 관한 확실한 지식도 없다.

대부분의 현대 과학자들은 과학적인 '진실'에 대해 질문을 받았을 때, 과학적 지식은 항상 잠정적이라는 점을 인식하고 있기 때문에 분별력 있게 답변을 회피한다. 많은 사람들은 과학자들이 객관적으로 발견한 확고한 '법칙'으로 규정한 자연에 대해, 그들조차도 더 이상 믿지 않는다는 것을 인정한다.

아인슈타인의 상대성이론, 보어의 양자역학, 하이젠베르크의 불확실성 원리는, 모두 관찰자의 역할을 과학지식의 중심축으로 만든다. 게다가 쿤의 말이 맞다면, 과학자들은 중립적인 조사자라기보다는 종교적인 신자에 가깝고, 그들의 과학은 과학자 공동체가 지닌 거의 의심받지 않는 중심적 '패러다임'에 의해 중재된다. 이건 상대론자의 관점이지만 거기엔 또 다른 무언가가…

'과학적'과 '논리적' 현실은 언어에 의해 구성되며, 다양한 구성이 가능하지.

현실주의 관점

000

그러나 과학자나 철학자 들이 반드시 포스트모더니즘적 회의론을 납득하는 것은 아니다. 많은 사람들은 여전히 '탄탄한' 물리과학에 의해 생산된 과학 지식이, 서양 특유의 '세계관'과 관련된 '하나의 담론'이라거나, 또는 '사회적 구성물'에 지나지 않는다는 견해를 명백히 거부할 것이다.

실험적인 방법들은 우주론, 유전학 그리고 그 밖의 다른 많은 분야에서 분명히 생산품들을 전달해 왔다. 마일 (거리), 시간 및 측정의 행위는 '사회적 구성물'일 수도 있지만, 빛의 속도는 초속 186,282.34 마일이라는 확고한 상태에 머물러 있으며, 누군가 이것을 알고 있는지와는 무관하게 변하지 않은 매우 실제적인 과학적 사실이다!

이 공간을 보시오!

한눈으로 보는 서양 철학사

논리, 언어, 의미, 그리고 사상	인식론 – 우리가 알고 잇는 것과 어느 정도 정확한가?	
	'외부' 세계에 대한 실증적 지식	개념, 생각, 정신에 대한 '사전' 지식

파르메니데스
이성의 중요성

아리스토텔레스
연역논리

아벨라르
유명론과 보편성

플라톤
믿을 수 없는 3배율 복사

아리스토텔레스
관찰과 귀납법

프랜시스 베이컨
귀납법과 과학

데카르트
믿을 수 없는 감각들

플라톤
수학의 형태론적 정확성

데카르트
의식적 사고의 정확성

수학과 신

분석철학

영국 경험론자들

프레게, 러셀
상징적 논리와 수학
의미와 참조
논리적 원자론

논리적 실증주의
검증에서 파생된 의미

비트겐슈타인
언어방법 언어게임

오스틴
평범한 언어
연극 언어

퍼스
기호학

구조주의자
레비 스트로스

후기 구조주의자
바르트

해체주의
데리다
객관적 또는 완벽한 논리적
언어의 가능성에 대한 신
뢰의 상실

상대주의

회의론

로크
1차적, 2차적 성질

버클리
외부세계 없음(관념론)

흄
우리의 논리는 논리적이라
기보다는 심리적

칸트
초월적 관념론: 세상에 대한 우리의 경
험은 내제된 개념에 의해 구성된다

헤겔
인간의 지식은 항상 역동적이고 역사
적일 것이다

미국 실용주의

퍼스, 제임스, 듀이
지식은 현금 가치를 가져
야 한다

과학 철학

포퍼: 반증주의
쿤: 페러다임
파이어아벤트: 반대 방법

현상학

브렌타노, 후설
의식의 조사

하이데거, 사르트르
의식적인 상태보다 인간적
인 경우가 더 많다

→ 그리스 이후로 항상 주변에 있어왔다 ➡

형이상학
공간과 시간
원인
출현과 현실
신

소크라테스 이전 철학자들
우주는 어떻게 구성되나?
물로? 공기로? 불로?
수학으로? 원자로?

플라톤
형식

아리스토텔레스
최종원인

스콜라 학파
신의 존재를 증명할 수
있는가?

데카르트
이원론 – 마음/물질

스피노자
일원론: 하나의 물질

라이프니츠
단자론–나눌 수 없는
궁극의 물질

칸트
경이로운 세상과 실체적 세상

헤겔
변증법적 이상주의

포이어바흐의 거부
급진적 물질주의

마르크스
변증법적 유물론

논리실증주의
형이상학은 허구

비트겐슈타인
말할 수 없는
것에는 침묵을

윤리

소피스트
상대주의 계약이론

소크라테스
덕은 지식이다

플라톤
선과 도덕 전문가

아리스토텔레스
쾌락주의자들과 금욕주의자들
도덕, 실용적 기술

기독교 이론
신성한 명령

흄
이다/해야 한다의 틈새:
도덕적 사실은 있을 수
없다

칸트
의무론: 이성에서
파생한 의무

공리주의
최대다수의 행복

사르트르
개인의 선택과 책임

정치
인간본성
권위와 권리

플라톤
온건한 독재국가

아리스토텔레스
민주주의, 노예제 추가

마키아벨리
무자비한 통치자들

홉스
계약이론

루소
일반의지

헤겔
프러시아 제국

마르크스
변증법적 투쟁

포스트모더니즘
언어
진실과의 관계가
의심스러운 자의적이고
독단적인 체계

리오타르
계몽주의 이성의 숭배에
대한 환대

데리다
해체

라캉
허구적 자아

푸코
지식과 권력

하지만 – 아마도 단순한
'사회구조'가 아닌 객관적
진실이 있을 것이다.

니체
언어는 은유적이고 진실엔
도달할 수 없다

비트겐슈타인
철학은 하나의 언어
게임이다

피론, 디오게네스,
섹스투스 엠피리쿠스

데카르트
데카르트식 회의론

흄
귀납법, 원인
윤리적 지식, 자아

철학사 아는 척하기

초판 1쇄 인쇄 2021년 3월 22일
초판 1쇄 발행 2021년 3월 29일

지은이 데이브 로빈슨
그린이 주디 그로브스
옮긴이 양영철
감수이 이병창

펴낸이 박세현
펴낸곳 팬덤북스

기획위원 김정대 김종선 김옥림

기획편집 윤수진 김상희
디자인 이새봄 이지영
마케팅 전창열

주소 (우)14557 경기도 부천시 부천로 198번길 18, 202동 1104호
전화 070-8821-4312 | **팩스** 02-6008-4318
이메일 fandombooks@naver.com
블로그 http://blog.naver.com/fandombooks

출판등록 2009년 7월 9일(제2018-000046호)

ISBN 979-11-6169-152-7 03100